WIDDER

21.3.–20.4.

STIER

21.4.–20.5.

ZWILLINGE

21.5.–21.6.

KREBS

22.6.–22.7.

LÖWE

23.7.–22.8.

JUNGFRAU

23.8.–22.9.

WAAGE

23.9.–22.10.

SKORPION

23.10.–21.11.

SCHÜTZE

22.11.–20.12.

STEINBOCK

21.12.–20.1.

WASSERMANN

21.1.–18.2.

FISCH

19.2.–20.3.

Inhalt

0
Vorwort

Wenn Sie, wie üblich, spät nachts nach Hause kommen, und es ist eine schöne, klare Sommernacht — was sehen Sie dann, wenn Sie zum Himmel blicken? Richtig: Sie sehen einen Löwen, einen Stier, einen Wassermann und noch eine ganze Menge anderer verrückter Sachen. Denn: Der Nachthimmel ist geradezu vollgestopft mit den seltsamsten Wesen und Formen. Wie, zum Teufel, fragen Sie sich bestimmt immer wieder, kommen die da hin?

Von Natur aus und von Anfang an, soviel ist klar, stehen sie nicht da. Kein normaler Weltenschöpfer macht sich die Mühe und formiert die Abermillionen Gestirne, wenn er sie erst einmal fertig hat, zu derartigen Figuren. Man kann sich vorstellen: Der, der das Universum in die Welt gesetzt hat, der hatte schon genug Probleme in dem gesamten subatomaren Bereich. Also: Wieviel Elektronen gibt man einem Helium-Atom, wieviel einem Wasserstoff-Atom, und wie schafft man es mit der Kernschmelze, ohne daß die ganze Wohnung überschwemmt wird? Daß es einem in solchen Momenten völlig egal ist, was aus den täglichen Zeitungshoroskopen werden soll, wenn es keine Sternbilder gibt, das ist nur allzu verständlich.

Kurzum: die Sternbilder und mithin auch die uns geläufigen Tierkreiszeichen waren keineswegs von Anfang an da, sondern kamen erst ein paar Jährchen später. Und zwar im alten Babylon. Wie das im einzelnen geschehen ist, darüber soll in diesem Buch berichtet werden.

Stellt sich nur noch die Frage, woher wir das alles wissen. Nun, von einem, der zwar nicht unmittelbar dabei war, der es aber von einem weiß, der es ihm selbst erzählt hat: der altägyptische König Nechepso. In seinen geheimen Aufzeichnungen steht alles ganz genau. Diese Aufzeichnungen sind erst vor ein paar Jahren auf uns gekommen — und wie sie ans Licht kamen, auch da hängt so manche verrückte Story dran, von der hier die Rede sein wird.

Das bedeutet aber nichts anderes, als daß nunmehr allen notorischen Astrologie-Kritikern endgültig das Wasser abgegraben ist. Und wer jetzt immer noch behauptet, das sei alles purer Blödsinn, der wird verdammt gute Argumente bringen müssen!

?
2050
Indischer Elefantenorden
an einfacher Kette.
Stück ℳ 2,50.
?
?

1
Vliestext

Wie gesagt: Die Astrologie kommt aus dem alten Babylon. Und natürlich hat auch der Widder dort seinen Ursprung.

Aber seine Entstehung ist gar nicht so uninteressant, und die geheimen Bücher des Königs Nechepso, die kürzlich ein Rentner aus Cuxhaven zwischen alten Fernsehprogrammzeitschriften gefunden hat, sagen uns das alles ganz genau.

Also: König Adonmelkart wollte seiner Gattin Hedelg'ade, was zu deutsch Hildegard heißt, ein Geschenk machen, weil er schon wieder mal mehrere Abende nicht zu Hause gewesen war.
Zunächst dachte er daran, einfach eine Stadt zu erobern und ihr zu überreichen, aber das erschien ihm

dann doch zu unoriginell, weil sie bereits zu Weihnachten zwei Städte und einen Pelzmantel bekommen hatte. Also entschied er sich für was Ausgefallenes und besonders Wertvolles, nämlich für ein weißes Kamel. Dummerweise schreibt sich aber weißes Kamel in der babylonischen Keilschrift ganz ähnlich wie männliches Schaf, nämlich auf jeden Fall mal mit vier Beinen, und da Adonmelkart immer schon eine Sauklaue hatte, wurde sein Auftrag in der königlichen Zoohandlung prompt falsch entziffert, und nun stand der Gottkönig mit einem männlichen Schaf im Vorzimmer der Gattin. Joi, war das unangenehm. Aber was sollte man tun — zu spät ist zu spät.

Hammel mit was dran

Als die babylonische Hildegard aus ihrem Gemach kam und ihr Geschenk sah, das außerdem schon auf den kostbaren Buchara gemacht hatte, bildete sich auf ihrer Stirn unter dem Cartier-Diadem die berühmte Zornesfalte, die der König so sehr fürchtete, und deretwegen er lieber öfters mal in den Krieg zog, nur um sie nicht sehen zu müssen. Aber er wäre natürlich ein schlechter Gottkönig gewesen und ein noch schlechterer Ehemann, wenn ihm nicht im letzten Augenblick noch etwas eingefallen wäre.

„Schau mal, was ich dir da Seltenes mitgebracht habe“, sagte er, triefend vor Scheinheiligkeit, „das ist ein Widder (der Name war ihm gerade eingefallen), sieht zwar aus wie ein einfacher Hammel mit was dran, ist aber ganz was anderes und kommt bei uns so gut wie gar nicht vor. War eine Mordshatz, das Ding überhaupt zu kriegen, ehrlich. Später mal, das kannst du jetzt noch gar nicht ahnen, wird so ein Widder mal das Goldene Vlies produzieren, Jason wird es in Kolchis holen und dabei auch mit Medea ein Verhältnis anfangen, das riesige Komplikationen nach sich ziehen wird. Reicht für, ich würde sagen: mindestens, 20 Kapitel bei Gustav Schwab.

Und das alles wiederum wird in weiteren 2000 Jahren zum Orden vom Goldenen Vlies führen — und das alles nur wegen eines Widders. Frag nicht, woher ich das weiß! Denk daran, daß ich Gottkönig bin und du nur eine einfache Hausfrau mit Diadem."

Als Hedelga'ade ihn also sprechen hörte, siehe, da glättete sich ihre Stirn, ihre Züge wurden wieder weich und fraulich und sie warf nur noch aus Gewohnheit und ganz graziös ein Kohlebecken nach ihrem Gemahl. Und sie sagte: „Na schön, wenn du meinst, daß eine Art Hammel etwas besonderes ist, dann von mir aus. Aber laß dir ja nicht einfallen, mir hier Opern zu erzählen, sonst..." Und ein sengender Blitz schoß aus ihren schönen Augen und fräste dem König das Wort hamsibaliglatplesir in den Harnisch, was zu deutsch Wehe! heißt.

Zunächst hatte die Königin viel Spaß mit dem Widdertier, und sie tollte mit ihm herum, wann und wo immer das möglich war. Besonders gern in den hängenden Gärten ihrer Freundin Semiramis, wenn sie einmal pro Woche dort zu Besuch war. Aber immer mehr mußte sie feststellen, daß der Widder seinen eigenen Kopf hatte und nicht so wollte wie seine Herrin. So konnte die Königin brav! brav! sagen oder auch mal: platz! — es nutzte wenig, der Widder rannte weiter gegen den Gartentisch, wo die beiden Damen beim Kaffee saßen, und schmiß dabei das teure Wedgewood-Porzellan herunter, was natürlich zu Unstimmigkeiten führte.

Ungestüm und Bockigkeit

Zum endgültigen Krach aber kam es, als der Widder auf den Jaguar von Semiramis losging. Dies nämlich war der Augapfel seiner Besitzerin und neben den hängenden Gärten ihr Liebstes. Sie liebte seine Schönheit und seine elegante Schnelligkeit, und wenn sie mit ihm gesehen wurde, blickten alle ihr neidisch nach. Den Widder aber kümmerte dies nicht — eines Tages, als sich der Jaguar mal im Freien befand, sah er ihn, nahm einen Anlauf und stieß in den vorderen linken Koflügel eine tiefe Beule. Da war vielleicht was gefällig!

Auch Hedelga'ade verlor allmählich die Lust an dem Widder, weil er sie durch sein Ungestüm und seine Bockigkeit immer wieder in Verlegenheit brachte. Und wenn sie ihn an der Leine durch Babylon führte, wollte er immer in die andere Richtung als seine Herrin, und so etwas konnte sie sich als Königin auf die Dauer nicht leisten. Außerdem flüsterte man sich zu, die Widder wären in Sodom und Gomorra in ganz scheußliche und unaussprechliche Sachen verwickelt gewesen, und jeden Tag brachte die Zeitung irgendeine anzügliche Notiz in der Klatschspalte. Also sagte sie eines Tages zu ihrem Mann: „Hör mal zu, mein Lieber, aber so geht das nicht weiter mit diesem Widder. Goldenes Vlies und Gustav Schwab in allen Ehren, aber ich muß dich herzlich bitten, mir das Viech vom Hals zu schaffen. Ich komme aus den Aufregungen nicht mehr heraus, Semiramis ruft mich nicht mehr an, die Haftpflichtversicherung will uns rausschmeißen, und mit deinem Gehalt können wir uns diese ganzen Scherben sowieso nicht auf Dauer ersetzen. Heute früh beispielsweise hat er die Vase aus Akkad mit dem antiken Keilschriftfries zerdeppert. Das Ding war zwar nicht teuer — schließlich stammt es von deiner Tante — und war eigentlich nur ein besserer Staubfänger, aber wenn ich mir vorstelle, daß es mal in der altorientalischen Abteilung des Louvre hätte stehen

können, Wert: unschätzbar, da bringt mich das schon auf die Palme. Also, red nicht drumrum, das Tier muß weg. Außerdem hat es tückische Augen."

„Was soll ich denn tun", sagte der König, „soll ich das seltene Stück vielleicht ins Tierasyl geben? Das kannst du von mir nicht verlangen."

Paßt zum Frühlingspunkt

„Das ist dein Bier", sagte die Königin grob, „laß dir gefälligst was einfallen. Schließlich bist du der Gottkönig und ich nur eine einfache Hausfrau mit Diadem. Von mir aus pack's an den Himmel."

„Keine schlechte Idee," sagte Adonmelkart und blickte in den babylonischen Nachthimmel, der damals noch ziemlich leer war, denn die meisten Sterne kamen ja erst in neuerer Zeit, also seit Galilei das Fernrohr erfand. „Laß mal sehen", fuhr er fort, „ich glaub, ich tu ihn dort drüben über den Frühlingspunkt, da paßt er für mein Gefühl am besten hin", nahm den Widder, der sich natürlich heftig sträubte, und machte ihn zum Sternbild.

Natürlich ist er heute als Sternbild kaum noch zu erkennen. Denn inzwischen ist eine Menge Zeit vergangen, alles am Himmel hat sich ein bißchen verschoben, und dann die vielen Atomversuche, und wer heute da rauf blickt und einen Widder sucht, der wird ihn sicher nicht auf den ersten Blick erkennen.

Damals aber war er ziemlich klar und deutlich zu

sehen, und die Astrologen im alten Babylon, die gerade dabei waren, ihre Wissenschaft aufzubauen, nahmen ihn zum Symbol für störrische Leute, die Porzellan zerschlagen, sowie für leichtfertige Autofahrer, die sich gern Beulen in die Kotflügel fahren. Deshalb ist der Widder auch bis zum heutigen Tag der Schutzpatron der Karosseriewerkstätten, die ihm alljährlich, zum Frühlingsanfang, ein Opfer in Form einer großen Dose Füllmaterial bringen.

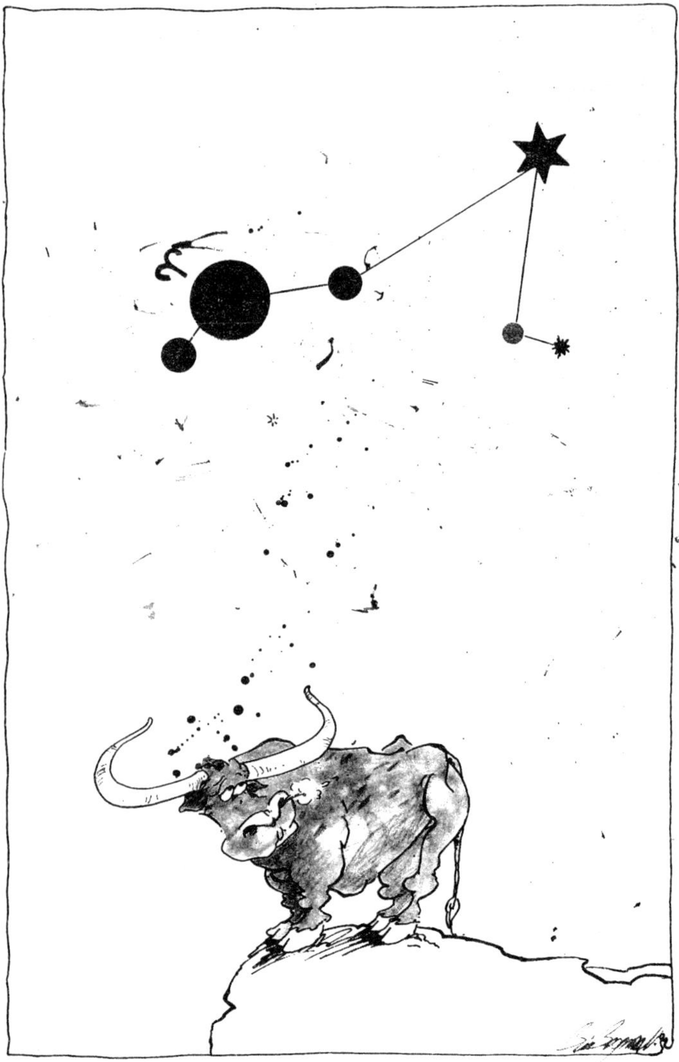

2 Alta-stiera

Auch was wir über die Entstehung und die Hintergründe des bekannten Sternbilds Stier wissen, das wissen wir aus den geheimen Schriften des Königs Nechepso, von denen ein wichtiger Teil vor einigen Jahren aus dem Geheimfach eines geheimen Schreibtischs von Erich von Däneken entwendet wurde und später auf dem Flohmarkt von Frankfurt-Sachsenhausen wieder auftauchte.

Darin heißt es: »*Es war aber so, daß die Königin Hypsitillah von Ninive sich in das Abbild eines Stiers verliebte und die ganze Sache nach einiger Zeit zum Himmel schrie.*«

Tatsächlich ist diese Geschichte symptomatisch für die Frau im voremanzipierten Zeitalter, als sie noch gelangweilt zuhause herumsaß, statt sich sozial zu engagieren und eine verschuldete Gastarbeiterfamilie zu betreuen.

Alles hatte damit angefangen, daß König Duglaskirk seiner Frau Hypsitillah (deutsch: Johanna II.) von einem seiner zahlreichen Kriegszüge ein Bild aus Altastiera mitbrachte. Es stellte die recht grobe Zeichnung eines Stiers dar und war mit roher Gewalt (alte assyrische Tradition!) von der Wand gehauen worden.

Zehn Negersklaven wuchteten es auf das Sideboard, das nur deshalb nicht zusammenbrach, weil es aus massivem Gold war.

»Was ist das denn für'n Ding«, fragte Hypsitillah mißtrauisch; denn seit sie zum Muttertag den Koloß von Rhodos geschenkt bekommen hatte, der jetzt im Garten herumstand und nichts als Schatten machte, war sie allergisch gegen alle Mitbringsel, die größer waren als eine Cartier-Uhr.

»Das ist eine berühmte Höhlenzeichnung«, sagte Duglaskirk, »ein echter Solitär. Das hat kein König sonst im Umkreis von 200 Kilometer, wetten, daß?«

Die Königin nahm ihm das ab, und sie beschäftigte sich die nun folgende Zeit damit, ganze Vormittage lang in ihrem Salon zu sitzen und das Bild anzusehen, während sie geistesabwesend Kinderfäustlinge aus Goldfäden strickte. Und da geschah es, daß das Bild eine große Macht über sie bekam, so daß sie ihrem Mann eines Abends bekannte: »Ich weiß nicht, aber ich glaube, ich habe mich in das Modell verguckt. Es ist so gewaltig und doch so sanft. Es muß eine große Seele haben.«

Duglaskirk griff sich an den Kopf. »Das darf doch nicht wahr sein«, sagte er, »ein Rindvieh, ein primitives Geschöpf, das Gras in Kuhfladen verwandelt, verdreht meiner Frau den Kopf! Sicher, wir leben in einer Zeit der Mythen, und die Götter nähern sich unseren Weibern in jeder nur denkbaren Gestalt, aber das ist doch nicht grundsätzlich so. Guck dir doch diese Biester mal in natura an. Hinterm Südpalast gibt's davon jede Menge. Plus Enten und Hühner. Wenn du dich ein bißchen mehr um deinen Haushalt kümmern würdest, statt alles den zweitausend Dienerinnen zu überlassen, wüßtest du das.«

Die Königin weinte über diese harten Worte, und weil sie Königin war, verwandelten sich die Tränen allesamt in Einkaräter, die auf dem Boden herumkullerten. Und als sie mit ihrem Gefühlsausbruch fertig war, siehe, da war sie wieder um knapp zwei Millionen reicher. Aber das konnte sie nicht glücklich machen, und so schwang sie sich nach dem Mittagessen auf ihre massivgoldene Hausvespa und fuhr zum südlichen Palast. Tatsächlich tummelten sich da jede Menge Stiere und hatten viel Spaß mit ihren Kühen. Nur einer stand abseits, aber als er die Königin sah, kam er langsam auf sie zu, kniete nieder und sah sie mit seinen blutunterlaufenen Augen freundlich an. Und auch Hypsitillah erkannte ihn sofort, wenn er auch in der Realität um die Mundwinkel etwas trielte.

»Ich habe dich sofort erkannt, Königin«, sagte der Stier, und Hypsitillah dachte, mein Gott, der spricht ja ein astreines babylonisches Hochkeil! In ihrer Verwirrung raufte sie ein Büschel Präriegras aus und reichte es ihm. Der Stier aber fuhr fort: »Höre, Königin, wir kennen uns aus einer unserer früheren Existenzen, wo wir ein Waran-Ehepaar gewesen sind auf Galapagos. Ich heiße Kaumastos.«

»Ich werde dich Martins nennen«, sagte die Königin, »nach deinem schönen Horn.«

Nun gingen sie eine Weile nebeneinander und erzählten sich aus ihrem Leben. »Paß auf«, sagte Martinshorn, »du könntest mich in einen Menschen verwandeln, das ist gar nicht schwer, du brauchst nur den Kosmos-Kasten *Der Kleine Zauberer.*«

Tatsächlich ging es auch ganz einfach, wenn man mal davon absieht, daß die Königin zwei Fehlversuche hatte, indem sie ihn zuerst in eine Kuh verwandelte und dann in den schielenden Zeitungsverkäufer in der Palastlobby. Aber beim dritten Mal stand ein nicht unübler untersetzter Mann von Mitte 30 vor ihr und sagte: »Du könntest mich als Gärtner einstellen, denn ich verstehe was von Rasen, und dann wäre ich immer in deiner Nähe.«

Und so stellte die Königin Martinshorn als Gärtner ein, und der König war sehr glücklich, denn der andere hatte gerade gekündigt, und Martinshorn erwies sich als fleißig und erfand sogar ein Gerät, mit dem das Grasabreißen noch schneller ging, und er nannte es Rasenmäher.

Nachmittags aber traf sich die Königin mit ihm und sie verbrachten hinreißende Stunden hinter den Hecken, und Hypsitillah dachte, Menschenskind, ich treib's mit einem Gärtner, der mal ein Stier war! Ich bin ja nicht nur Johanna die Zweite, ich bin sogar Lady Chatterly die Erste!

Doch kein Glück ist von Dauer: Die Königin von Tyros, Marsakalla (deutsch: Johanna III.), die ein wenig an Joan Collins in der Rolle der Alexis erinnerte, hatte längst schon ein Auge auf den stattlichen Martinshorn geworfen. Und auch er geriet in Erregung, wenn er sie sah, aber das kann natürlich auch an ihrem rotgepunkteten Kleid gelegen haben. Die Katastrophe ereignete sich anläßlich einer Party, als Hypsitillah die beiden in eindeutiger Situation auf der Terrasse erwischte.

»Miststück!« schrie sie, und es war nicht klar, wen von beiden sie damit meinte, aber ihr war in diesem Augenblick jeder recht, und ging furiengleich auf das Pärchen los.

»Was ist denn«, versuchte Marsakalla zu beschwichtigen, und in dem leicht sächselnden Tonfall ihrer nordbabylonischen Heimat fuhr sie fort: »Er hat mer doch nur die Sterne zeichen wollen.«

»Sternzeichen!« schrie Hypsitillah in begreiflicher, wenn auch höchster Erregung, »das ist eine prima Idee!« Und damit griff sie nach ihrem Zauberkasten. »Nein, nicht doch!« konnte Martinshorn gerade noch rufen, aber es war schon zu spät. Hypsitillah tippte ihm mit dem Zauberstab zwischen die Augen. In ihrer Aufregung klappte es zuerst wieder nicht, denn sie verwandelte ihn in das Kriegerdenkmal auf dem Bismarckplatz, aber dann schaffte sie es doch noch: Martinshorn löste sich auf und setzte sich erst am Himmel wieder zusammen, doch man konnte ihn dort nur identifizieren, wenn man ihn gekannt hatte.

»Du blöde Kuh«, sagte Marsakalla, »immer mußt du gleich zum Äußersten greifen. Und er war so ein guter Gärtner. Und jetzt kann ich dir's auch sagen Dein Waldorf-Salat ist zum Kotzen!«

Spätestens diese Bemerkung löste dann den Krieg aus, von dem man heute noch in Geschichtsbüchern über diese Zeit lesen kann.

Zwei Astrologen aber, die wie jeden Abend den Himmel nach brauchbaren Neuigkeiten abguckten, bemerkten die Veränderung. »Schau mal da«, sagte der eine, »ein Stier. Ich würde sagen, den nehmen wir als Symbol für Fruchtbarkeit und konzentrierte Kraft, denn er erinnert mich an das Bild auf unseren Fleischbrühwürfeln daheim.

Und so kam also der Stier Martinshorn an den Himmel und in die Astrologie-Bücher. Doch das ist nicht alles: Seine geniale Erfindung des Rasenmähers, die gibt es heute noch und zwar unter seinem italienischen Namen Toro. So ist er in der Tat unsterblich geworden, ganz im Gegensatz zu den beiden Königinnen Hypsitillah und Marsakalla, die heute kein Mensch mehr kennt.

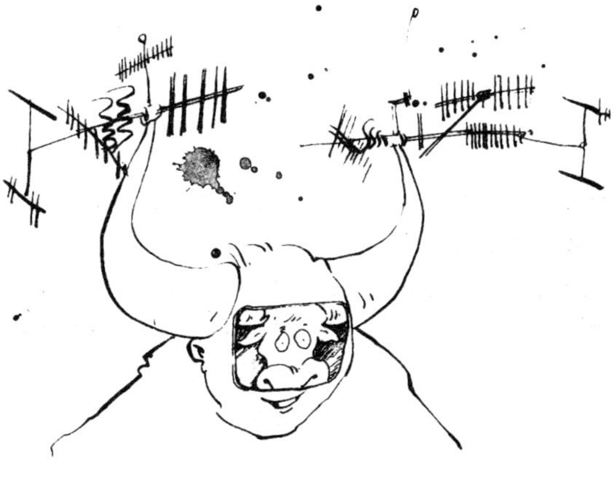

3
Pastor und Kollaps

Alles, was wir über die Herkunft der Astrologie wissen, ist, daß sie an einem Donnerstag nachmittag vor ca. 4.500 Jahren in Mesopotamien erfunden wurde. Das ist verdammt wenig, wenn man mal dagegenhält, was wir alles über Pflege und Aufzucht von Schäferhundwelpen wissen, und das steht doch in gar keinem Verhältnis.

Nun aber ist Licht in das Dunkel gekommen, und zwar durch die Entdeckung der mehrfach zitierten Geheimpapiere von König Nechepso, die in einer Art Fliegender Blätter über die ganze Welt verteilt sind und von denen immer wieder mal ein Stück gefunden wird. Meistens sind Zufall und Geheimnis am Werke. So auch bei dem Kapitel, in dem über die Zwillinge berichtet wird. Es fand sich auf dem Tisch des Nachrichtensprechers Karl-Heinz Köpcke, als dieser gerade dabei war, die Tagesschau zu verlesen. Und ums Haar hätte er die Sendung nicht wie vorgesehen mit den Worten begonnen: „Der polnische Arbeiterführer Lech Walesa hat in Danzig vor streikenden Fabrikarbeitern gesprochen und wurde auf der Heimfahrt wegen Geschwindigkeitsüberschreitung zu einer Geldbuße von 100 Zloty verurteilt", sondern mit der Meldung: „Da geschah es aber, daß König Tyros von Babylon und seiner Frau, Königin Tyrolia, (zu deutsch: „die bei Bozen Aufgewachsene") Drillinge geboren wurden, und sie nannten die Knaben Pastor, Kollaps und Hans-Wolfgang, und es war große Freude in den Gemächern, und der König ließ einen halben Ochsen schlachten, aß selbst aber Hummerkrabben in Weinblättern vom Grill."

Früher waren die Zwillinge Drillinge

Wie gesagt: Ums Haar hätte vor einiger Zeit eine Tagesschau mit diesen Worten begonnen, und nur Köpckes Routine und Geistesgegenwart verhinderten das Schlimmste. Dennoch machte das Nechepso-Kapitel in der Kantine des Funkhauses die Runde, weil ein paar glaubten, es handele sich um eine verschlüsselte Anleitung zum unbefugten Bedienen von Pershing-Raketen.

Nun also zurück zu Nechepso. In der kurzen und

lapidaren Einleitung erfahren wir also, daß es ursprünglich keine Zwillinge, sondern vielmehr Drillinge gewesen waren. Wir hören dann weiter, daß der Dritte, Hans-Wolfgang, den beiden anderen mit seiner Rederei so auf die Nerven gegangen war, daß sie ihn aus dem Brutkasten warfen — was einiges heißen will, denn die beiden anderen waren auch nicht die Stillsten, wie wir noch erfahren werden. Was mit ihm passiert ist, liegt weitgehend im Dunkel, aber Nechepso deutet an, daß es sich bei dem späteren Regierungssprecher von Obervolta, K'ilowat, um ihn gehandelt haben könnte, denn K'ilowat heißt nichts anderes als Hans-Wolfgang, und das war damals ein seltener Name in dieser Gegend.

Kurz: Es blieben nur Pastor und Kollaps übrig, die zu munteren Knaben heranwuchsen. Dabei war Pastor eher der etwas Altkluge (er wurde scherzhaft „unser kleiner Pastor" genannt), und hatte einen besserwisserischen und belehrenden Ton am Hals. Er trug auch schon früh eine Brille, die er sogar beim Schlafen aufbehielt, weil er mal von dem Mädchen aus dem Nachbarpalast geträumt hatte, das ihm nackt, aber leicht unscharf erschienen war. Immerzu stellte er Fragen, wie z. B.: Ist unser Turm (er meinte natürlich den babylonischen) wirklich so hoch, daß er an die Wolken reicht, laufen tatsächlich Engel da rauf und runter, ist er höher als das Welthandelszentrum in New York, kann man mit einem Transistorradio Peking empfangen, wenn man auf der Spitze steht usw. Meistens war es Tyrolia, die er mit diesen Fragen löcherte, und da sie im Grunde von nichts eine Ahnung hatte, außer wann man Goldreifen zu Silberlamékleidern trägt, verwies sie ihn an den König, der aber wiederum immerzu beschäftigt war und sich demzufolge gestört fühlte. Kollaps hingegen neigte ein wenig zur Hysterie und hatte alles in allem schwache Nerven. Wenn man ihm mal widersprach oder über seinen fünfzackigen Hut lachte, den er als babylonischer Königssohn tragen mußte, und ihn in der Schule mit: Na, du Faschingsprinz! anredete, konnte er völlig durchdrehen und kam heulend nach Hause gelaufen. Jedenfalls: Beide sorgten immer für Aufregung und galten für intelligent und aufgeweckt, wenn man den Behauptungen ihrer Eltern glauben durfte.

Hinzu kam, daß sie auch Verwirrung stiften konnten. Denn Pastor sah seinem Bruder Kollaps täuschend ähnlich — oder auch umgekehrt, hier gehen die Meinungen auseinander. Man wußte also nie, wen man vor sich hatte, und ob man mit bohrenden Fragen oder einem hysterischen Anfall rechnen konnte. Man mußte sich also immer auf beides einstellen.

Eines Tages nun wollte Königin Tyrolia eine Schönheitskur mit spezieller Heuschreckendiät am unteren Tigris machen, was sie offiziell als „tatkräftige Mithilfe bei der Beseitigung der sieben Plagen“ ausgab, und natürlich konnte sie dabei ihre beiden

Knaben (die übrigens unter der Hand als Plagen Nummer acht und neun bezeichnet wurden) nicht gebrauchen. Obwohl sie darüber ganz froh war, spielte sie das gebrochene Mutterherz. Nun müsse sie sechs Wochen auf ihre beiden Lieblinge verzichten, wenn's doch wenigstens schon die Fotografie gäbe, dann könnte sie ein Bild der beiden ins Schminkköfferchen tun usw. Aber auch Tyros war nicht gerade begeistert von der Aussicht, die beiden nun wochenlang exklusiv am Hals zu haben. Zufällig sprach er darüber mit Somr-aur, seinem Hohenpriester, der ihn auf den Kegelabend hinwies, den Tyros aber absagen mußte, weil er, wie er zugab, für die nächste Zeit den Babysitter spielen mußte. „So alt die beiden auch sind", sagte er, „man kann sie einfach nicht allein lassen. Die zerstören Babylon, noch ehe die Assyrer kommen, ehrlich!" Außerdem, fügte er hinzu, graue ihm bei der Vorstellung, daß die beiden nun den ganzen Tag in seiner Regierungskanzlei herumliefen. „Pastor", sagte er düster, „wird immer wissen wollen, ob ich mehr Ochsen essen kann als der König von Assur und warum dort immer die spannenderen Fernsehserien laufen. Und Kollaps wird seine Anfälle kriegen, wenn ich ihm für seine Hausaufgaben nicht sagen kann, wieviel Krieger 17 Stadtmauern in 415 Tagen umschmeißen können, wenn 67 Krieger 21 Stadtmauern in 318 Tagen umwerfen. Was schon vom Ansatz her Quatsch ist, denn so lange haben wir noch nie ge-

braucht. Überhaupt: Kinder beim Regieren — wir sind doch hier nicht im Weißen Haus. Wenn ich doch nur wüßte, wie man das Problem lösen könnte. Fällt dir denn nichts ein?"

Somr-aur faßte sich nachdenklich an die Nase. „Laß mal überlegen", sagte er, „vor ein paar Monaten habe ich doch die Frau von dem Dings-da für drei Tage in die Statue eines hethitischen Legionärs verwandelt. Das war, als wir unseren Herrenausflug machten und sie keine Ruhe geben wollte (er lachte schmutzig). Wir könnten doch für die Zeit, in der deine Frau weg ist, etwas Ähnliches machen. Wie wär's: Ich setze die beiden für sechs Wochen als Sternbild an den Himmel. Da hast du sie vom Hals, und deine Frau kann von ihrem Kurort immer hochschauen, sieht sie und kann ihnen zuwinken. Und wenn sie wiederkommt, dann hol ich sie wieder runter. Na, was hältst du davon?"

Tyros küßte seinen Hohenpriester und ließ sofort Cognac kommen.

Am Abend eröffnete er Tyrolia den Plan. „Ich weiß nicht," sagte sie, „meine Kinder als Tierkreiszeichen, also weißt du! Das sind doch keine Tiere."
„Nun werd aber bitte nicht kleinlich," gab Tyros zurück, „ich habe hier eine brillante Lösung, wie du deine Kinder jederzeit sehen kannst, nachts zumindest, ich selbst kann ungestört regieren, und für die beiden ist es ja schließlich auch mal was anderes. Was glaubst du, was die dadurch alles sehen. Kein Kind kriegt normalerweise so eine Chance geboten. Kollaps muß halt sehen, wie er mit seinen Schwindelanfällen zurechtkommt. Ich werde Somr-aur sagen, daß er ihn besonders gut festmacht."

Also geschah, wie hier geschildert: Pastor und Kollaps wurden an den Himmel geschickt, und Tyrolia konnte ihnen jeden Abend zuwinken. Tyros aber kam keine Nacht vor zwölf nach Hause. Und auch dann nicht immer allein.

Nur — der weitere Verlauf der Geschichte ist nicht ganz geklärt. Auch Nechepso verliert sich in Spekulationen. Eine These heißt: Der Hohepriester ist während der sechs Wochen konvertiert und hat eine gutbezahlte Stelle bei der Diözese Rottenburg angenommen, war also gar nicht mehr da, um die beiden wieder runterzaubern zu können. Die andere Theorie lautet: Tyros hat dem Hohenpriester heimlich ein paar Scheinchen zugesteckt, und dieser mußte dafür bekennen, daß ihm das entsprechende Zauberwort entfallen war. „Was soll's", so Tyros angeblich, „mehr können die beiden im Leben gar nicht erreichen, als am Himmel zu stehen und Sternbild sein. Alles andere wäre ein Abstieg, sag selbst!" Die Königin machte zunächst großen Aufstand, vergoß Tränen und sagte, sie hätte es gleich gewußt. Aber als Tyros ihr klarmachte, daß sie nunmehr Mutter eines Tierkreiszeichens wäre, das auf ewig am Himmel steht — jedenfalls für die nächsten zehn bis 20 Milliarden Jahre, da beruhigte sie sich. Und nach einiger Zeit ging sie sogar mit ihrem Status ein bißchen hausieren. „Ich als Mutter eines Sternbilds ...", sagte sie z. B. auf einer Party, oder: „Meine beiden Söhne, Sie wissen ja, das bekannte Tierkreiszeichen ..." Auf jeden Fall hatte sie sich nach einiger Zeit mit der Situation bestens abgefunden, und einmal sagte sie sogar zu ihrem Mann: „Weißt du, vielleicht war's wirklich das Beste — Kollaps hätte in Mathematik immer Schwierigkeiten gehabt, wo doch die Null noch nicht erfunden ist. Und Pastor wird gewaltig stolz sein, daß er jetzt höher ist als das World Trade Center. Eigentlich ganz toll, daß alles so gekommen ist. Somr-aur ist ein prima Kerl."

Zwei Astrologen aber, die in Babylon durch ihren Feldstecher guckten, bemerkten die neuen Himmelskörper. „Schau mal", sagte der eine, „da oben ist was Neues — Zwillinge. Endlich mal was anderes, nach Widder und Stier. Ich dachte schon, wir kriegen nur

Hornvieh vor die Linse. Moment mal — das sind doch die beiden von Tyros, so wie die miteinander reden, pausenlos, ohne Punkt und Komma. Die könnte man direkt zum Symbol für fruchtlose Fernsehdiskussionen installieren."

„Fruchtlose Fernsehdiskussionen", spottete der andere, „du immer mit deinen Tautologien!"

Und schon waren sie in der schönsten Debatte. Fruchtlos natürlich.

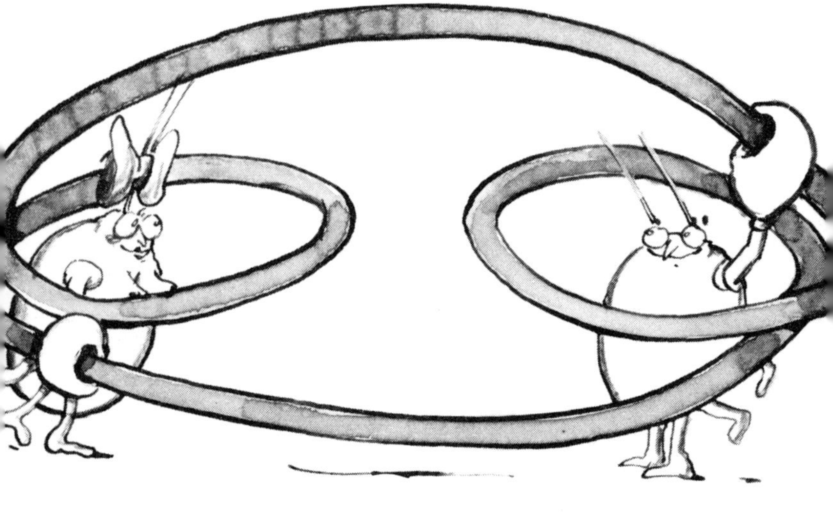

4
Vergeblicher Wendekreis

Wer erinnert sich nicht mehr an die Worte des Kanzlers, die dieser anläßlich einer Zwischenbilanz im Deutschen Bundestag gesprochen hat und die dann tagelang in den Medien hin und her gedreht und vergebens zu erklären versucht wurden: „Und der Prinzessin Pamela (zu deutsch: die mit der Gage Unzufriedene) ward eine Prophezeiung", klang es da zwischen Bemerkungen zu Abrüstung und Arbeitslosigkeit, „doch der Gemahl, den ihr das Schicksal zuwies, siehe, der war's gar nicht, so daß Leid über sie kam und der König die Worte sprach: Nichts wie Pleiten!"

Wie bereits erwähnt, kommt die Wissenschaft der Astrologie aus dem alten Babylon und ist mithin so um die 5000 Jahre alt. Wir müssen uns diese Zeit als ausgesprochen unkomfortabel vorstellen: Tagsüber war Krieg (meistens mit den Assyrern), und abends gab's kein Fernsehen. Was also blieb den Leuten anderes übrig, als sich vor ihre Häuser zu setzen und zum Himmel zu blicken? Und da tut sich, wie jeder weiß, nicht viel, denn der Halleysche Komet kam auch damals nur alle 72 Jahre. So vertrieben sich viele die Zeit damit, daß sie die Sterne zählten, was aber auf die Dauer keinen Spaß machte, da man am nächsten Abend nie wußte, wo man gestern mit Zählen aufgehört hatte, so daß man immer wieder von neuem beginnen mußte. Andere, die etwas mehr Phantasie hatten, glaubten, in Sternformationen bestimmte Dinge oder Figuren zu erkennen, und machten sich den Spaß, daraus witzige Schlüsse zu ziehen.

„Schau mal, der Große Wagen!" sagte beispielsweise einer, „wer unter ihm geboren ist, der kriegt in seinem Leben mal einen hübschen Sechszylinder. Wenn aber der Saturn falsch aspektiert ist, wird er eine lange Lieferzeit in Kauf nehmen müssen." Oder: „Sieh, der Kleine Bär, der macht, daß die Leute ihr Leben lang den Mund voller Fusseln haben und immerzu spucken müssen!"

Aber das waren natürlich nur die ersten, sehr primitiven Anfänge, und die Astrologie hätte sich keine 5000 Jahre gehalten, wenn sie auf diesem Niveau geblieben wäre. Doch dann, in einer relativ kurzen

Zeit — so zwischen dem 21. Januar 3112 und dem 4. Juli 2971 — entstanden in schneller Folge die Tierkreiszeichen, wie wir sie heute aus unserem täglichen Horoskop kennen.

Alles über die Einzelheiten dieser Entstehung berichten uns die Geheimschriften des Königs Nechepso, die vor einiger Zeit im Kulturbeutel eines Archäologen aufgetaucht sind und von denen sich immer wieder lose Blätter und einzelne Kapitel unter ganz anders geartetem Schriftgut finden. Das Krebs-Kapitel beispielsweise geriet unter das Redemanuskript des Kanzlers, und so kam es, daß er bei seiner Ansprache den eingangs erwähnten Satz sprach. Er kriegte zwar noch die Kurve, und viele merkten es auch gar nicht, aber die, die es mitbekamen, zerbrachen sich die Köpfe, und BILD meinte sogar, es habe sich um eine verschlüsselte Botschaft der SPD an den russischen Geheimdienst gehandelt, mit dem dieser über den Wochen-Speiseplan der Bundeshaus-Kantine informiert werden sollte.

Nun — die ganze Geschichte des Krebses, also seiner Entstehung als Tierkreiszeichen, liest sich in geraffter Form folgendermaßen:

In einem ihrer zahlreichen Träume, die sie besonders bei Vollmond hatte, erschien der Prinzessin Pamela vom oberen Tigris eine Art weiser Frau und prophezeite ihr, sie werde ein Wesen kennenlernen, das aus der Feuchte des Tigris komme und das sie mit ihrer ganzen Zuneigung bedenken solle, denn nur auf diese Weise werde es sich in ihren künftigen Ehemann, den Prinzen von Astrachan, verwandeln. Bestehe sie diese Liebes-Prüfung, dann sei alles gut. Wenn nicht — Pech gehabt.

Pamela hätte diesem Traum kein besonderes Gewicht zugemessen, wenn er sich nicht Woche für Woche wiederholt hätte. Da wurde sie dann doch nachdenklich, und sie begann, sich mit der Sache zu beschäftigen.

Und so geschah es, daß sie mal wieder am Ufer des Tigris lag, Bikini-Oberteil abgelegt, um streifenfrei braun zu werden, als sie am rechten großen Zeh gezwickt wurde. Sie dachte schon, es wäre Blei-beu (zu deutsch: schwerer Junge), ein Prinz aus ihrer Straße, der ihr immerzu nachstellte, und wollte schon sagen: „Hau ab, sonst kriegst du meinen

Walkmann um die Ohren!“, als sie sah, daß es sich um einen Krebs handelte. Mit einem spitzen Schrei, wie er für Frauen schon damals typisch war, zog sie den Fuß zurück, aber da fiel ihr der Traum ein! Ein Wesen aus der Feuchte des Tigris! Na klar doch, das Orakel war dabei, sich zu erfüllen.

Nun ist natürlich ein Krebs kein Tier, in das man sich auf den ersten Blick verliebt, wie beispielsweise in eine Perserkatze, und es kostet schon eine Menge an Überwindung, ihm über den Kopf zu streicheln und „Ach, mein geliebter Prinz, nett, daß du endlich da bist!“ zu sagen. Trotzdem tat das die Prinzessin, denn sie dachte, je schneller und nachdrücklicher ich meine Liebe zeige, um so schneller wird aus dem Ding der Prinz von Astrachan.

Nun ja, das war klug gedacht, aber irgendwie funktionierte es nicht. Tagelang war Pamela nur mit dem Krebs zusammen, ließ ihn über ihren nackten Bauch krabbeln und las ihm die schrägsten Stellen aus dem „Wendekreis des Krebses“ vor — alles in der Hoffnung, damit seine Verwandlung etwas voranzutreiben. Doch der Krebs blieb Krebs. Das gibt’s doch nicht! sagte sich Pamela, wenn sie abends den Krebs wieder in sein Terrarium setzte, neben das Glas mit dem Frosch, den ihr Blei-beu zum Geburtstag geschenkt hatte („Sei kein Frosch und geh mit mir aus!“ hatte er als Zettel ans Glas geklebt), das gibt’s doch einfach nicht! So sehr kann doch ein Orakel nicht danebenliegen. Irgendwann muß der sich doch verwandeln, wie angesagt. Aber, dachte sie weiter, vielleicht ist er auch heiratsscheu, drückt sich vor Familie und Verantwortung, das liest man ja immer wieder.

Nächte mit dem Scherentier

Und so kam es, daß sich die Prinzessin mehr und mehr an den Krebs gewöhnte. Sie glaubte sogar etwas Melancholisches in seinen vorstehenden Augen zu erkennen, mit denen er sie oft stundenlang ansah.

Aber er hatte auch praktische Vorteile. So öffnete er ihr mit seinen Scheren so manche Dose Pichelsteiner Topf und brachte ihr in langen Nachmittagsstunden das Seitwärtsgehen bei, was von großem Vorteil ist, wenn man jemandem ausweichen will.

Mitunter schlief die Prinzessin mit ihm, indem sie sich in eine Badewanne mit Wasser legte. Dem Krebs gefiel das natürlich, und er verbrachte die ganze Nacht zusammengekringelt auf ihrem Magen. Aber für einen Menschen ist so was natürlich keine Kleinigkeit, und Pamela hätte sich erkältet, hätte sie nicht morgens eine Brausetablette mit Vitamin C geschluckt.

Daß Pamelas Eltern mit alldem nicht einverstanden waren, läßt sich denken. „Warum heiratest du nicht Trom'el Felh, den Sohn des Emirs von Kuwait?“ sagte ihr Vater, der König. „Du hättest ein prima Leben und könntest alle Nase lang nach Paris zum Einkaufen fliegen. Statt dessen hast du diesen Krebs, mit dem man noch nicht mal eine Partie Pingpong spielen kann, weil er dauernd neben den Ball haut.“

Allmählich wurden die Prinzessin und ihr Krebs ein stadtbekanntes Paar und sogar gemeinsam eingeladen. Der Krebs saß dann auf Pamelas dekolletierter Schulter und hielt sich mit einem sanften Zwick am Ohrläppchen fest. Und vorübergehend wurde es sogar Mode, einen silbernen Krebs als Ohrring zu tragen. Anträge interessierter Männer wies sie ab. „Ich warte auf den Prinzen von Astrachan“, sagte sie hoheitsvoll, „eines Tages wird es einen Knall tun, und er steht vor mir. Wetten?“

Sie hätte die Wette verloren, denn die Jahre vergingen, ohne daß es zum Knall kam. Pamela wurde zu einem ältlichen Fräulein, dem man allmählich abartige Neigungen nachzusagen begann. Doch auch der Krebs wurde immer hinfälliger. Mühsam

ASTRACHAN
PRINZ-VON-
10. DEZ. 1923
198
GRAUGRÜN
FEHLEN

torkelte er mit seinen dünnen Beinchen an seinen goldenen Futternapf mit Regenwürmern, und die meiste Zeit über saß er in seinem Terrarium und guckte den Frosch an.

Eines Tages raffte sich die Prinzessin zu einem Entschluß auf. „Ich glaube“, sagte sie zu dem Krebs, „aus uns beiden, da wird nichts mehr. Ich tu dich wieder in den Tigris, wo ich dich vor 30 Jahren rausgeholt habe, und gehe mal davon aus, daß die weise Frau eine gottverdammte Lügnerin war.“

Ein Krebs kommt wie gerufen

Sie nahm den Krebs und machte sich auf den Weg. Doch unterwegs traf sie den Astrologen Luxaflex und erzählte ihm die ganze Geschichte. „Weißt du was“, sagte Luxaflex, nachdem er eine Weile nachgedacht hatte, „ich glaube, dein Krebs kommt uns wie gerufen. 30 Jahre Treue und Zurückhaltung — das spricht für tiefe Gefühle und auch für etwas Ängstlichkeit. Und genau das können wir gut gebrauchen. Uns fehlt ein Tierkreiszeichen mit in etwa diesen Eigenschaften, und außerdem wäre mal jetzt was mit Wasser dran, denn Feuer, Erde und Luft, das haben wir alles schon. Gib mir den Krebs, wir tun ihn nicht in den Tigris, sondern setzen ihn an den Himmel. Einverstanden?“

Ich weiß ja nicht, dachte Pamela, als sie wieder auf dem Heimweg war, wie Luxaflex den Krebs an den Himmel bekommen will. Der wohnt doch nur im zweiten Stock. Hoffentlich war das keine faule Ausrede, und er steckt ihn in den Kochtopf, das hätte der arme Kerl wirklich nicht verdient!

Tatsächlich ist die Frage, wie der Krebs an den Himmel kam, bis heute ungeklärt. Denn die entsprechende Passage im Nechepso-Manuskript ist durchgestrichen, und etwas völlig Unleserliches ist drübergeschrieben. Nur am Rand steht ein Keilschriftvermerk: Und das alles mit Dieselöl???

Als die Prinzessin wieder zu Hause war, fand sie sich in ihren teuer möblierten Gemächern, die ihr aber plötzlich leer vorkamen, so ganz ohne Krebs. Nur der Frosch war noch da. „Ach, lieber Frosch“, sagte sie deshalb, „jetzt habe ich nur noch dich. Wie schön, daß wenigstens du noch da bist. Vielleicht bist du mir doch der Allerliebste!“

Da tat es einen Knall, das Gurkenglas, in dem der Frosch seine Jahre verbracht hatte, sprang auseinander, und anstelle des Frosches saß ein ältlicher Mann vor Pamela. Er hatte nur noch spärliche Haare, Tränensäcke um die Augen und tiefe Falten im Gesicht. „Ich bin der Prinz von Astrachan“, sagte er etwas mümmelnd wegen seiner fehlenden Zähne, „hättest du nicht vor 30 Jahren so was Liebes sagen können? Schließlich bin ich doch das feuchte Wesen oder wie das hieß. Statt dessen hast du dich immer mit dem Krebs abgegeben! Prinzen werden in Frösche verwandelt, verstehst du?, in Frösche! Doch nicht in

Krebse, wo gibt's denn so was? Aber jetzt ist es zu spät. Jetzt können wir nur noch unsere Rente zusammenlegen und eine Onkelehe führen. Alles deine Schuld!"

Da schmiß sich die Prinzessin hinter den 7-Uhr-15-Zug nach Susa.

DU FAULE SAU! DU NIX ZIEHEN SELBST. DU IMMER LASSEN ZIEHEN!
ICH JA. AUCH SEIN LÖWE-GEBORE-NE FÜHRUNGS-KRAFT!

5

Schüsse in der Nacht

Als vor einigen Jahren die Geheimschriften des Königs Nechepso gefunden worden waren, konnte kein Mensch ahnen, was dieser Fund für unser Wissen über die Astrologie bedeuten sollte. Erfuhren wir dadurch doch erstmals, wie es zur Entstehung der einzelnen Tierkreiszeichen kam — bis dato ein Phänomen, über das die Astrologen nur vage spekulieren konnten und das sie irgendwie mit Mythos erklärten, weil man da nichts weiter erklären muß.

Nechepso war ein ägyptischer König, der im 7. Jahrhundert v. Chr. lebte und nachts Stimmen hörte. Dies jedenfalls ist seine Version. Denn da es sich ausschließlich um eine weibliche Stimme handelte, die aus dem Unsichtbaren zu ihm sprach, hatte seine Frau natürlich eine ganz andere Erklärung für die Sache. »Gestern war wohl wieder so eine Bauchtänzerin aus dem Nil-Hilton bei dir«, sagte sie zornig, wenn sie mal wieder in der Nacht zuvor die bewußte Stimme aus des Königs Arbeitszimmer gehört hatte, »die sprach den Dialekt der Weiber von Faijum, und das sind bekanntlich die Schlimmsten. Leider habe ich nicht verstehen können, was sie gesagt hat, aber das wirst du mir sicher jetzt erzählen oder . . . !« — und ihre Hand umklammerte eine kleine Tutench-Amon-Statue.

Ja, und dann behauptete Nechepso beispielsweise, daß sie ihm über die Entstehung des Sternbilds Löwe berichtet hätte, worauf die Königin nur schrill auflachte, sich auf dem Absatz umdrehte und in die Küche ging.

Manche Forscher meinen deshalb, die Königin habe mit ihrem Verdacht nur allzu recht gehabt, und die ganzen Tierkreis-Geschichten seien von Nechepso nur erfunden worden, und er habe sie auch nur als Alibi niedergeschrieben. In Wahrheit nämlich habe er sich tatsächlich die Nächte mit Faijumer Bardamen um die Ohren geschlagen und alles mögliche gemacht, nur nicht über den gestirnten Himmel über uns geredet und das moralische Gesetz in uns, und beide gehören doch gewissermaßen untrennbar zusammen. Nun also: Die Papiere tauchten auf — mal da, mal da. Der Löwe beispielsweise in einem Chemiekonzern, wo er als Aktennotiz durch die Abteilung für Kopfschmerztabletten wanderte, ohne zunächst entdeckt zu werden, weil bekanntlich kaum ein Mensch Aktennotizen liest. So wäre dieses wichtige Kapitel ums Haar für alle Zeiten verlorengegangen, wäre da nicht ein uralter Sachbearbeiter gewesen, der noch aus der Zeit stammte, als man Respekt vor allem Gedruckten hatte. Ihm erschien der Inhalt des Gelesenen sogar für eine Aktennotiz seltsam, und er schickte das Ganze an den Redakteur der Firmenzeitung. So wurde die ägyptische Weisheit gerettet.

Gewaltige Schützenkönige

Der Verlust gerade der Löwe-Anekdote wäre betrüblich gewesen, denn es handelte sich dabei um ein sehr aufschlußreiches Kapitel über die Zeit im alten Babylon. Damals nämlich herrschte hinter der dritten Euphrat-Biegung ein netter älterer Herr als König, der sich Nimzwei nannte und angeblich in direkter Linie von dem sagenhaften prähistorischen Jäger Nimrod abstammte. »Wir vom Stamme Nim waren schon immer gewaltige Schützenkönige«, pflegte er zu sagen, wenn man ihn dabei erwischte, wie er eines seiner zahlreichen Gewehre reinigte. Logischerweise war sein einziges Hobby die Jagd, wenn er sich nicht gerade die Sendung »Ein Platz für Tiere« ansah — ein Titel, den er regelmäßig mit den Worten kommentierte: »Jawohl, im Kochtopf.«

Leider war es mit dem Bestand an attraktivem Jagdgetier in dieser Gegend nicht gut bestellt, und es gab so gut wie nichts, was als ausgestopfter Kopf an der Wand auch nur einigermaßen etwas hergemacht hätte. So schmissen seine Freunde und Angestellten Tontauben in die Luft, damit er wenigstens etwas hatte, an dem er vorbeizielen konnte. Denn Nimzwei hatte kein gutes Auge, so daß man in seiner engeren Umgebung sagte, bei ihm müßten die Tontauben schon die Größe einer Cessna haben, um mal getroffen zu werden.

Das dumme war, daß Nimzwei nochmal geheiratet hatte, und zwar eine assyrische Prinzessin namens Lacalut, was soviel heißt wie: steiler oder auch aufrechtgehender Zahn, und natürlich hätte er vor seiner hübschen jungen Frau gern den erfolgreichen Jägersmann gemimt und ihr gewaltige Trophäen zu Füßen gelegt. Doch wie wir gesehen haben: Daraus wurde nichts.

Als Nimzwei seinen 150. Geburtstag feierte (die Leute damals wurden ja älter als heute, besonders die Könige), wollte man ihm daher mal eine große Freude machen. Von einem Zirkus, der gerade in Uruk gastierte, liehen sich seine engsten Freunde einen zahmen Löwen aus, wie er in amerikanischen Kindersendungen immer wieder über den Bildschirm laufen darf, und ließen ihn in Nimzweis Jagdrevier frei. Gefahr bestand für niemand, denn der Löwe war harmlos und biß keinen, und Nimzwei — wir erwähnten es mehrfach — traf nicht.

Aber natürlich war es für den alten König ein Riesenerlebnis, einen leibhaftigen Kollegen aus dem Tierreich vor sich zu haben. Und ganz in Stil Großer, weißer Jäger, wie er im Hemingway-Buch steht, ballerte er drauflos.

Spätestens nach dem dritten Magazin gähnte der Löwe herzhaft und verschwand knurrend im Busch. Nimzwei trommelte gegen den nächstbesten Eukalyptusbaum. »Das darf doch nicht wahr sein«, rief er aus, »ich schieße wie der Teufel, und er geht einfach weg, als wäre nichts gewesen. Wie gibt's das denn?« Seine Freunde produzierten fassungslose Gesichter. »Unfaßbar«, sagten sie, »es muß sich um einen verzauberten Löwen handeln, ja, vielleicht sogar um Metro, den alten Löwengott selbst, der unverwundbar und unsterblich ist und dessen gewaltiges Haupt man immer im Kino sieht. Anders können wir's uns nicht erklären.« Und hinter seinem

Rücken feixten sie und lachten sich ins Fäustchen.

Das Spielchen wiederholte sich nun etliche Zeit — der Löwe tauchte auf, Nimzwei schoß, bis der Lauf glühte, und der Löwe ging wieder. Nimzwei verstand die Welt nicht mehr. »Und ich würde dir doch so gern sein Fell zu Füßen legen«, sagte er zu seiner hübschen, jungen, 62jährigen Frau. »Ich weiß«, sagte diese verständnisvoll, »aber gegen einen Gott bist selbst du machtlos. Mach dir nichts draus.«

Ein feiger Kerl

Jedenfalls, für den alten Nimzwei war's eine aufregende Zeit. Aber natürlich: Als der Zirkus seine Zelte abbrach, mußte man den Löwen zurückgeben. Das war mißlich, denn Nimzwei hatte sich an ihn gewöhnt, und die Initiatoren der ganzen Sache mußten sich was einfallen lassen, um dem König die Angelegenheit irgendwie zu erklären. Schließlich machten sie sich's ganz einfach. »Leider wird der Löwe nicht wiederkommen«, sagten sie, als Nimzwei bereits den dritten Tag auf seinen Löwen wartete und ungeduldig auf dem Anstand saß. »Ach«, meinte er hoffnungsfroh, »hab ich den Kerl doch noch erwischt?« »Das nicht gerade, er hat sich zurückgezogen. Als Gott, der er ja war, hat er sich am Himmel zu einem Sternbild entmaterialisiert.« »Was, entmaterialisiert hat er sich, der feige Kerl!« schrie Nimzwei und riß die Flinte an die Backe.

»Spar die Kugeln«, sagte man ihm, »das bringt nichts. Du erkennst ihn sowieso nicht wieder, er hat sich sozusagen abstrahiert und besteht nur noch aus ein paar Sternen, die man in ruhigen Nächten knurren hören kann.«

»So was Blödes«, sagte Nimzwei und zog ein Gesicht.

»Jetzt macht er ein richtiges Löwenmäulchen«, flachste Lacalut und erfand damit gleich einen Namen für die Blumen in ihrem Vorgarten.

Hier ist eigentlich die Geschichte von der Entstehung des Tierkreiszeichens Löwe zu Ende. Doch Nechepso hängte noch einen spaßigen Epilog dran. Danach hat sich Nimzwei einfach nicht damit abfinden können, daß der Löwe nunmehr am Himmel und für ihn unerreichbar war. So schoß er immer wieder in den hellen mesopotamischen Nächten in die Luft, und dies nutzten seine Freunde und ließen die Tontauben fliegen. Und nun, da Nimzwei auf etwas ganz anderes zielte, siehe, da traf er Taube um Taube und fühlte sich riesig.

Die Astrologen aber ließen sich von des Königs Freunden einreden, daß sich da oben nunmehr auch ein Löwe befand, und waren über dieses Ereignis mehr als glücklich. »Ordnen wir ihm einfach mal Großzügigkeit, Majestät und großes Selbstvertrauen zu«, sagte einer, »ein besseres Symbol dafür werden wir wahrscheinlich nicht kriegen.«

6
Ährensache

Für die Erfindung der Astrologie können wir den alten Babyloniern nicht dankbar genug sein. Schließlich waren sie es, die damals darangingen, den Himmmel auf Vordermann zu bringen und die Sternbilder in der uns heute bekannten Form zusammenzustellen. Das geschah alles mehr oder weniger zufällig, denn man nahm solche Dinge damals noch nicht so ernst. Heute wäre das natürlich ganz anders; denn man kann sich vorstellen, wer da alles mitzureden hätte. Parteien, Gewerkschaften, sämtliche Konfessionen usw. hätten Stimmrecht, und jeder bekäme in strenger Ausgewogenheit sein Sternzeichen.

Und so würden nicht der Stier, der Löwe, der Skorpion und der Wassermann am Himmel stehen, sondern der Mündige Bürger, der Unabhängige Tarifpartner, der Progressive Liedermacher, der Verdammte Macho und das aus 23 Sternen gebildete Herrschende System. Natürlich gäbe es dann auch die Jungfrau nicht, sondern dieses Sternbild würde heißen: die Gleichberechtigte Friseurin mit Recht auf den eigenen Bauch. Nun, das wäre sicher alles sehr amüsant, aber so ist es nicht gekommen, vielmehr haben die alten Babylonier dieses Thema abgehakt.

In einem rosa Umschlag

Was wir über die Entstehung der Tierkreiszeichen wissen, das verdanken wir dem altägyptischen König Nechepso, dessen geheime Aufzeichnungen in den letzten Jahren mal da, mal dort auftauchten. So fand sich das Kapitel über die Jungfrau z. B. im Aktenkoffer des Verkaufleiters der Refa-Werke, und zwar in einem verführerisch duftendem rosa Umschlag. Der Mann war nahe daran durchzudrehen, aber zu seinem Glück war der Brief in Hieroglyphen abgefaßt. Doch waren manche der Zeichnungen recht doppeldeutig, so daß er ganz schön reden mußte, um keinen Ärger zu kriegen.

In Kurzfassung lautet das Jungfrau-Kapitel folgendermaßen:

Kwattro von Allrad, ein Herrscher im oberen Zweistromland, befand sich auf einer Tagung aller mesopotamischen Könige, um über eine Neuregelung des Altersruhegelds zu beraten. Es waren da ihrer 90 bis 100 Könige beisammen, und abends, nach den langen Referaten der Schriftgelehrten von der Bundesversicherungsanstalt, war natürlich eine Menge Zeit, und man wußte nicht so recht, was tun.

Da war die Versuchung groß, sich mit den Hostessen, die die Tagesprogramme verteilten und den Weg zur Garderobe wiesen, in ein kleines Schwätzchen einzulassen. Diese Mädchen hatten eine einheitliche Uniform: Sie trugen die langen, blonden Haare offen, die weißen Gewänder reichten bis zum Boden, und in der Hand hielten sie eine Ähre, weshalb sie auch allgemein Ährenjungfrauen genannt wurden.

Keine Luftverschmutzung

Nun war Kwattro von Allrad ein gutaussehender König und von umwerfendem Charme, und kein anderer konnte so hinreißend über Belagerungen und Plünderungen erzählen wie er. Wenn er erst anfing, hingen alle an seinem Mund und riefen: »Noch mehr! Wie war das z. B., als ihr einen ganzen Fluß umgeleitet habt, um eine Stadt zu überschwemmen, und durften die Leute Regenmäntel anziehen?« Kurz, Kwattro errang die Sympathie einer solchen Jungfrau, plauderte eine Weile über ein mögliches Verbot von vergifteten Pfeilen, um die Luft nicht zu verschmutzen, und dann nahm er die Jungfrau und einen Krug Champagner und ging mit ihr nach oben. Dort redeten sie noch eine Weile, entdeckten ihre gemeinsame Vorliebe für Schach, und anschließend spielten sie noch zwei Partien ›Wie kommt die Jungfrau zum Kind?‹. Nach Mitternacht trennten sie sich, und Kwattro sagte, sie habe ihm den letzten Tagungsabend angenehm verkürzt, und es sei eigentlich schade, daß sie sich nun nicht mehr wiedersehen würden.

Damit war er etwas voreilig, denn am nächsten Tag war große Heimfahrt, und Kwattro stürzte sich sofort und mit Volldampf in die Regierungsgeschäfte, denn es war eine Menge Arbeit liegengeblieben. Ein paar Tage später aber trat Kwattros Frau mit saurem Gesicht vor den König hin und sagte: »Du, Kwattro, da ist ein Brief von einer gewissen Fatima. Sie behauptet, du wärst mit ihr vor 'ner Woche während der Tagung auf dem Zimmer gewesen. Dabei hättest du ihr die Ähre genommen, und nun sei sie ihren Job als Jungfrau los und verlange eine Entschädigung. Was ist damit?«

»Alles Unsinn«, sagte Kwattro, aber er spürte, wie ihm heiß wurde, »dummes Zeug. Wir haben ein bißchen geplaudert, ein paar Partien Schach gespielt und anschließend noch zwei Runden ›Wie kommt die Jungfrau zum Kind?‹. Sonst nichts.«

»Eben«, sagte seine Frau, »und da hättest du den dritten Satz gewonnen und ihr — sozusagen als Spielgewinn — die Ähre abgenommen. Hier lies selbst und unternimm etwas. Aber anschließend unterhalten wir uns!«

Da war guter Rat teuer. Kwattro fiel ein, daß einem seiner Freunde vor längerer Zeit etwas Ähnliches passiert war. Der mußte die Jungfrau heiraten, um einen Skandal zu vermeiden. Doch in seinem Fall, dachte Kwattro, war diese Lösung nicht drin. Sicher, die Jungfrau war nicht übel — vom Charakter mal abgesehen —, und mit seiner Frau kam er schon lange nicht mehr klar — die beiden hatten geheiratet, um zwei Königreiche zusammenzulegen und die gleiche Autobahn-Ausfahrt benutzen zu können. Aber diese Erkenntnisse führten zu nichts — er mußte zusehen, wie er sich Fatima mit ihren Ansprüchen vom Leibe hielt.

Er schmiß sich also in den nächsten Zug und fuhr zu ihr, um das Problem in einer geschickten Verhandlung vom Tisch zu bringen. Fatima zeigte sich auch zunächst recht aufgeschlossen und sagte, es tue ihr jetzt noch leid, daß sie ihm damals schon im fünften Zug den Turm abgenommen hätte, aber in der Sache blieb sie hart: Er habe ihr die Ähre genommen, und dafür verlange sie eine Entschädigung. Im Klartext: Entweder Heirat, oder die Sache gehe an die Presse, die seit der Sodom-und-Gomorrha-Geschichte sowieso hellhörig war.

Kwattro wußte nur zu gut, daß dies sein Ende bedeutet hätte. Doch auch die andere Lösung kam nicht in Frage: Bei einer Scheidung hätte seine Frau das eingebrachte Königreich zurückgefordert, und die ganze politische Stabilität im Nahen Osten wäre beim Teufel gewesen. Oh, Herr, flehte er innerlich, laß mir was einfallen, um dieses Miststück ruhigzustellen! Und der Herr hatte ein Einsehen ...

Scheidung kommt nicht in Frage

»Paß auf«, sagte Kwattro, »Scheidung ist nicht. Meine Frau würde ihr Königreich mitnehmen, und ich wäre pleite. Was hättest du davon? Nichts. Und Skandal? Schlag dir das aus dem Kopf! Die meisten Chefredakteure waren bei mir schon mal Regierungssprecher und würden den Teufel tun. Aber ich hab eine andere Idee, und zwar eine ganz tolle: Ich erkläre dich zum Tierkreiszeichen und tu dich an den Himmel. Na, was hältst du davon?«

Fatima fiel ihm schluchzend um den Hals.

»Schau mal«, sagte einer der Astrologen, die den Nachthimmel über Babylon beobachteten, »eine

Jungfrau. Das ist aber mal eine Überraschung.« »Und du wirst's nicht glauben«, meinte ein anderer, »aber die kenne ich. Das ist Fatima. Die war schon vor zwei Jahren auf dem Astrologenkongreß hinter mir her — ein gräßliches Karriere-Weib. Hat nur eine Sache im Kopf — Sternbild. Das und nichts anderes wollte sie werden. Ich sagte ihr, daß sie sich dazu an Kwattro ranmachen müsse, weil nur er so etwas kann. Anscheinend«, fügte er lachend hinzu, »hat sie's auch getan.« »Wie auch immer«, sagte sein Kollege, »jedenfalls haben wir jetzt etwas, dem wir Reinheit, Vernunft und kühles, methodisches Vorgehen zuordnen können.«

»Das mit der Reinheit«, antwortete der andere, »kann ich nicht so ohne weiteres unterschreiben, doch was soll's — in ein paar tausend Jahren kräht kein Hahn danach.«

7
Ein Waager Verdacht

Die Astrologie reicht, wie gezeigt, zurück bis ins prähistorische Dunkel der Menschheit. Und was so alt ist, kann nicht falsch sein — allen besserwisserischen Naturwissenschaftlern zum Trotz.

Allerdings hat die Astrologie in ihrer langen Geschichte etliche Veränderungen erfahren. Eine Menge Planeten gab's damals noch gar nicht, und auch so manches Tierkreiszeichen wurde früher mal ganz anders gesehen. Dafür ist unser Zeichen, also die Waage, das beste Beispiel. Anfangs nämlich verwechselte man sie mit dem Großen Wagen — vermutlich wegen der phonetischen Ähnlichkeit —, aber als dann die Ferngläser immer besser wurden, entdeckte ein Astrologe, daß dieser angebliche Große Wagen keine Räder hatte, dafür aber eine

Anzeige-Skala, die bis 50 Kilo reichte, und ein a mehr. Da wußte man, daß man hier lange Zeit einem Irrtum aufgesessen war, und mußte den Zodiac korrigieren.

Kein neckischer Dialog

Die Astrologie, so wie wir sie heute kennen, stammt bekanntlich aus dem alten Babylon, wo man den Sternhimmel des vorgeschichtlichen Menschen abschaffte und völlig neue Sternbilder einführte. So gab es beispielsweise früher das Sternbild des Brontosaurus, ein Tierkreiszeichen, das logischerweise den halben Himmel einnahm. Daraus hätte man bequem sechs normale Tierkreiszeichen machen können, was natürlich viel abwechslungsreicher gewesen wäre, denn fast alle Menschen damals waren im Zeichen des Brontosaurus geboren, und nur drei oder vier Tageshoroskope veröffentlichten die Zeitungen der Altamira-Zeit, und so etwas ist natürlich langweilig. Man kann sich gut die Party-Gespräche von damals vorstellen: »Ich bin ein typischer Brontosaurier, Liebes, und du weißt, was das heißt.«

»Ich auch, mein Vater übrigens auch und auch meine Mutter und mein Bruder. Wir alle sind echte Brontosaurier.« »Wir auch alle. Ich glaube, fast die ganze Stadt besteht aus Brontosauriern. Nur ein paar Faustkeile und ein Speer sollen darunter sein.« Da kann sich natürlich kein Dialog entwickeln.

Über die Entstehung der modernen Tierkreiszeichen berichtet uns der altägyptische König Nechepso, der mit Hatschepsut, der Schutzheiligen aller Verschnupften, verheiratet war. (Vor Hatschepsut mußte man bei Niesreiz immer sagen: »Nekos kar mdrenos lessti voisisto l'eidon pa nasem hut!«, was soviel heißt wie: Jetzt kitzelt es mich wieder in der Nase, hätte ich doch gestern bei diesem Wetter meine Mütze aufgehabt! Hatschepsut hingegen verkürzte das alles zu einem einzigen Laut, der heute noch benutzt wird.)

Ein Manuskript von Elmar Gunsch

Diese Geheimschriften des Königs Nechepso nur wurden erst vor wenigen Jahren entdeckt und tauchten an den unmöglichsten Stellen auf. Das Waage-Kapitel beispielsweise fand sich im Manuskript von Elmar Gunsch, als er die Wettervorhersage sprechen wollte. Mit seiner warmen und einschmeichelnden Stimme, die auch im vergangenen Jahr wieder über 300 Frauen in den Wahnsinn getrieben hat, sagte er: »Ich hab mal auf deine Sekretärin so'n Detektiv angesetzt. Schau, was er für Steinplatten gebracht hat!« Daraufhin nun wußte keiner, ob er die Blumen gießen sollte oder ob doch noch mit Regen zu rechnen war. Allerdings hatten die meisten den Inhalt gar nicht mitgekriegt, sondern nur auf Gunschs Stimme gelauscht.

Hier also in Kurzfassung, was uns Nechepso über die Waage berichtet:

Königin Negligé I. hatte wie alle babylonischen Frauen damals Gewichtsprobleme. Jogging und Aerobic waren noch nicht erfunden, und auch die diversen Diät-Kuren, bei denen man essen kann, was man will, und doch immer weniger wird wie ein Girokonto ab Monatsmitte, waren noch unbekannt. Da hatten es also die Frauen schon schwerer, leichter zu werden.

Deshalb dachte der König, Negligés Mann: Ich muß mir was Besonderes einfallen lassen, um meine Frau zum Abnehmen zu bringen, wo sie doch der Assyrer-Kirschtorte nicht widerstehen kann. Das beste wird sein, ich kauf' ihr eine Waage. Da kann sie jeden Tag ihr Gewicht kontrollieren und nimmt sich vielleicht etwas zusammen!

Aber natürlich wollte der König nicht irgendeine Waage, sondern etwas Besonderes. Und deshalb kaufte er ein Spezialmodell mit Sensoren und Modulen, das reden konnte und so der Übergewichtigen Trost zusprach. Leider aber entwickelte sich das Folgende nicht ganz so, wie es der König erwartet hatte, sondern hätte beinahe in einer Katastrophe geendet, doch zum Schluß war alles gut.

Als sich nämlich die Königin auf die Waage stellte und entsprechend der Gebrauchsanweisung sagte: »Waage, Waage, sag mir schon — wer ist die Schlankste von Babylon?«, da antwortete diese nicht, wie es der König erwartet hatte, mit motivierenden Worten wie: »Frau Königin, Ihr seid die Schlankste ums Haar, müßt nur noch abnehmen Pfündlein ein paar«, sondern sie sagte: »Frau Königin, Ihr seid die Schlankste hier, also in diesem Badezimmer, wo gerade kein anderer ist, doch die Sekretärin Eures Mannes ist tausendmal schlanker als Ihr!«

Wer kann schon Keilschrift-Steno?

Das war natürlich eine sehr undiplomatische Äußerung, und die Königin stampfte entsprechend wütend mit ihrem Fuß auf, so daß der Zeiger schnell noch ein paar Zahlen weitersprang.

Als abends der König, müde vom Regieren, nach Hause kam, fiel sie gleich über ihn her. »Was ist das eigentlich für eine Sekretärin, die du da hast?« fragte sie, und spitz ist gar kein Ausdruck für den Ton, den sie anschlug. »Was soll mit ihr sein«, antwortete er und blickte von seiner Zeitung hoch, »du kennst sie ja gar nicht.« »Eben drum, und deshalb will ich's wissen. Wonach hast du sie dir denn ausgesucht? Wahrscheinlich ist sie jung, hübsch, schlank, aber kann nicht mal Keilschrift-Steno, hm?!« »Laß die mal gehen«, sagte der König mürrisch, »die macht ihre Arbeit ordentlich, kommt pünktlich, ist nie krank — was will man mehr. Gut, sie ist nicht die Hübscheste, bißchen arg dünn, aber was soll's!« Und damit packte er seine Negligé um die Hüften, lachte und schloß die Diskussion mit den Worten ab: »Dafür hast du um so mehr. Und jetzt laß uns von was anderem reden. Ich weiß sowieso nicht, wieso du dich plötzlich für meine Sekretärin interessierst.« »Man hört so einiges«, sagte Negligé in der Art aller Frauen, die sich mangels präziser Informationen in bedeutungsvolle Ungenauigkeiten flüchten.

Auftrag für Privatdetektiv

Aber nun war ihr Mißtrauen natürlich mal geweckt, und was man heute vermutet, das verdichtet sich bekanntlich schon nach kurzer Zeit zu schlimmen Wahrscheinlichkeiten. Endlich hielt sie es nicht mehr aus und beauftragte einen Privatdetektiv, die angeblich Dürre mal etwas näher unter die Lupe zu nehmen.

»Hier sind die ersten Bilder«, sagte der Detektiv ein paar Tage später und legte diverse Steinplatten auf den Tisch. »Natürlich konnte ich das Gesehene nur flüchtig reinmeißeln. Schnappschüsse sozusagen.« Die Königin griff begierig danach. »Her damit. Na und, treffen sich die beiden, treiben sie's miteinander in miesen Hotelzimmern, kauft er ihr Ringe, Uhren, Klamotten und das alles?« Der Detektiv kratzte sich am Kopf. »Eigentlich nichts davon, Frau Königin, das ist ja das Komische. Sie trifft sich mit irgendso einem düstern Typ im Park, aber nur ganz schnell, übergibt ihm was und verschwindet wieder. Und dann ist sie stundenlang zu Hause in der Wohnung, Licht an, und sie macht sich an so 'nem Ding zu schaffen, das wie ein Kofferradio aussieht. Tut mir leid, aber mehr hab ich nicht.«

Als abends der König nach Hause kam, sagte Negligé: »Du, hör mal, deine Sekretärin — was treibt die eigentlich so? Ich gebe ja zu, daß ich euch beide im Verdacht hatte, und hab mal einen Detektiv beauftragt. Und nun krieg ich diese Bilder — komisch, nicht wahr?«

Der König guckt sich eine Tafel nach der anderen an und wurde immer blasser. »Also doch«, sagte er und schlug sich an den Kopf, »eine Agentin. Eine Spionin aus Akkad in meinem Vorzimmer. Ich muß sofort los, stell das Essen warm!«

Ja, und so war es auch: Der König kam gerade noch rechtzeitig, denn die Dame war schon beim Kofferpacken, um sich abzusetzen. Es gab einen Riesenskandal, und der Innenminister mußte seinen Hut nehmen — so humorlos waren die damals.

Das höchste Verdienstkreuz

Der König aber konnte sich nicht einkriegen. »Mir war die nie ganz pur«, sagte er, »wer so tüchtig ist, hat was zu verbergen. Also ich hatte immer so einen vagen Verdacht.«

Und die Waage? Nun, als »verdientes Gerät des Volkes« hatte sie einen besonderen Ehrenplatz verdient. Sie mußte als Sternbild am Himmel verewigt werden. Denn schließlich — die Königin rückte nach und nach damit heraus — hatte sie ja die ganze Sache erst ins Rollen gebracht. Und da beschloß der babylonische Bundesrat mal ausnahmsweise einstimmig: Sternbild. Das war damals so etwas wie das höchste Verdienstkreuz.

Die Königin aber erhielt ein neues Modell, und weil der König inzwischen eine neue Sekretärin eingestellt hatte, ein ziemlich dralles Mädchen vom

Hinterland, antwortete die Waage jetzt auch immer auf die Frage der Königin: »Frau Königin, Ihr seid die Schlankste hier, denn die Sekretärin Eures Mannes ist noch tausendmal dicker als Ihr.«

Aber komisch — irgendwie gefiel ihr dieser Text auch nicht.

Die Astrologen aber merkten natürlich sofort, daß da am Himmel was Neues war. »Schau mal«, sagte einer von ihnen, »eine Waage. Das ist ja mal ganz was anderes. Mal kein Tier, kein Mensch, kein Fabelwesen — eine Waage! Die sollten wir für Schönheit, Schlankheit, von mir aus auch Eitelkeit, ausgleichendes Wesen und Harmonie nehmen. Also ich streich jetzt mal diese Eigenschaften auf meiner Liste.«

TYPISCHER SKORPION: BOHRT UND BEISST GERN IN ALLES. ARBEITET ALS ZAHNARZT BIS ZU 74 STUNDEN TÄGLICH (LAUT KRANKENKASSENABRECHNUNG). STEHT SINNLICHEN GENÜSSEN KÜHLEN KOPFES GEGENÜBER.

8
Ein Stich ins Grüne

Gewiß, die Astrologie stammt aus dem alten Babylon. Aber natürlich wurde damals der Sternenhimmel nicht erfunden — es gab ihn schon länger, und man glaubte, es handele sich um einen großen, dunkelblauen Karton mit Löchern drin, durch die »Licht fiel«. Andere wiederum meinten, die Lichter hingen vor diesem Karton, wurden aber von den Pragmatikern verlacht. Jedenfalls: Es mußte jemand geben, der abends irgendwo »auf den Schalter drückte«, wie es noch im Gilgamesch-Epos, erste Fassung, heißt, und Gott war ganz einfach ein anderes Wort für den »Großen Lichtanknipser«.

Im alten Babylon nun ging man daran, etwas Ordnung in dieses Lichtergewirr zu bringen, und so entstanden die Tierkreiszeichen.

Detailliert berichtet darüber der altägyptische König Nechepso in seinen Geheimschriften, von denen immer wieder mal ein Kapitel auftaucht. Das Skorpion-Kapitel z. B. fand sich unter Gerichtsakten wieder, wo es zwischen Berichten über entnommene Blutproben von Alkoholsündern lag, so daß der Richter in der Verhandlung folgenden Satz verlas: »Das Blut aber war grün, und sein Besitzer ist unverwundbar.« Er wollte gerade eine ironische Bemerkung dranhängen, in der Art wie: »Na, die Grünen treiben's jetzt aber doch etwas toll«, als er merkte, daß der Satz in Keilschrift abgefaßt war und wohl nicht zu dem Fall, der anstand, gehören konnte.

Sportwagen mit Turbo-Aufladung

Irgendwann in mythischer Zeit lebten im Zweistromland zwei Könige, die nicht gut aufeinander zu sprechen waren: Pleistozän I. und Holozän der XXIII. Pleistozän nämlich hatte sich abfällig über Holozäns neuen Sportwagen mit Turbo-Aufladung geäußert. »Wenn der damit über 200 kommt, kann er sich ›von‹ schreiben«, soll er wegwerfend gesagt haben, »und außerdem kann Holozän mit Autos sowieso nicht umgehen. Jedenfalls: Auf der Autobahn nach Uruk versäg' ich ihn im dritten Gang mit links. Vorausgesetzt natürlich, daß die Baustelle bei Heilbronn nicht mehr besteht, so daß man's voll saue lasse kann.«

Diese Bemerkung kam Holozän zu Ohren, und er war stinksauer. Er tobte in seinem Palast herum und entschloß sich gegen zwölf Uhr nachts, schon nicht mehr ganz nüchtern, Pleistozäns Land mit Krieg zu überziehen. Er ließ seine 35 Rekruten wecken und befahl ihnen, am nächsten Morgen, gleich nach dem Frühstück, gegen den Feind zu marschieren.

Pleistozän aber, der seine Agenten überall hatte (einer war z. B. Holozäns Kellermeister, der immer die Flaschen anbrachte und dem Holozän auch als erstem den Kriegsplan erzählt hatte), erfuhr davon und konnte rechtzeitig Gegenmaßnahmen ergreifen. Mit Erfolg, denn seine Armee konnte dem Gegner auflauern, der den Feind ahnungslos meinte, und ihn vernichtend aufs Haupt schlagen.

Befehl ans Killerkommando

Natürlich war das für Holozän kein Grund einzulenken. Im Gegenteil: Gerade der geschlagene Aggressor ist ja besonders wütend und meint, alle Racherechte auf seiner Seite zu haben. Also schickte er ein Killerkommando zu Pleistozän, und da die Leute damals noch keine Kalaschnikows hatten, mußten sie sich mit anderen Mitteln behelfen. Beispielsweise indem sie in aller Öffentlichkeit auf ihr Opfer zeigten und sich über den Schnitt seines Anzugs lustig machten, so daß sich der Betroffene oft wochenlang nicht mehr in der Öffentlichkeit zeigen konnte.

Oder aber sie setzten ihm einen Skorpion unters Kopfkissen (es mußte allerdings einer von den kleinen, giftigen sein — die oft dackelgroßen, die von den feinen Damen an der Leine geführt wurden, waren nämlich völlig harmlos und verließen sich allein auf ihren schrecklichen Anblick!). So tat das auch Holozäns Terrorgruppe, aber der Anschlag schlug fehl, denn Pleistozän hatte das Kopfkissen weggenommen, um nach einem Tempotaschentuch zu suchen, und da stieß er auf das Gifttier. Sofort rief er seine Leibwache und ließ den überraschten Übeltäter verhaften.

Anschließend wurde der Skorpion, nunmehr in einem sicheren Käfig, von Pleistozän verhört. Dieser begann gleich mit dem dritten Grad, indem er einen mehrarmigen Kerzenleuchter direkt auf den Skorpion richtete, so daß dieser blinzeln mußte.

»Ich könnte dich zertreten wie eine Wanze«, schnauzte er den Gefangenen an, »aber vorher möchte ich wissen, was dich dazu bringt, für einen Blödmann wie Holozän immer wieder den Giftstachel zu spielen.«

Da bekannte der Skorpion, daß er eigentlich schon lange habe überlaufen wollen, aber er könne doch seine Frau und seine 73 Kinder nicht einfach sitzenlassen. »Aber«, fuhr er fort, »grundsätzlich hast du recht. Auch ich bin gegen diesen Holozän, vor allem, weil er die 35-Stunden-Woche nicht einführen will. Aber was soll ich jetzt tun?«

Pleistozän dachte kurz nach. »Paß auf«, sagte er dann, »du gehst jetzt einfach wieder zurück und behauptest, du hättest mich gestochen, aber ohne Erfolg. Ich bin, sagen wir, unverwundbar, ein Rätsel. Dann wird Holozän vielleicht nachdenklich und entschließt sich zum Frieden.«

Grünes Blut

Der Skorpion hatte Bedenken. »Einmal«, sagte er, »wird man mir nicht glauben, denn ich bin das giftigste weit und breit. Zum anderen, bitte versteh mich, würde das für mich einen riesigen Prestigeverlust bedeuten: Ich steche, und der andere stirbt nicht. Wie können wir das verhindern?«

Wieder überlegte Pleistozän, und wieder hatte er die Lösung. »Ganz einfach: Ich bin eben anders konstruiert. Ich habe z. B. grünes Blut. Moment ....«, und er rief seine Ordonnanz, ließ sich grüne Tinte bringen und schüttete sie auf seinen Pyjama. »Hier, das bringst du ihm als Beweis. Da gibt er hoffentlich auf, und du kannst ihn zu einem Friedensvertrag überreden. Bedingung: die 35-Stunden-Woche.«

»Gute Idee«, sagte der Skorpion, »aber was ist für mich drin?«

»Was soll drin sein? Frau und Kinder können kommen und kriegen hier eine mietgünstige Wohnung. Was willst du noch?«

»Du wirst vielleicht lachen«, antwortete der Skorpion etwas verlegen, »aber schon als Kind wollte ich am liebsten Tierkreiszeichen sein. Das mache ich zur Bedingung. Und es ist ja auch ganz einfach: Du schickst ein paar kräftige Männer nach oben und läßt sie einige Sterne zusammenrücken. Kein Problem.«

Zeit des großen Friedens

»Von mir aus«, meinte Pleistozän, »wenn's nicht mehr ist.«

Und so geschah es. Der Skorpion legte Holozän den Pyjama mit den angeblich grünen Blutspritzern vor, beteuerte, sein Möglichstes getan zu haben, erklärte Pleistozän für unverwundbar und riet zum Zusammenschluß.

Holozän wand sich, mußte aber schließlich einlenken. Erst wollte er auf die Bedingung mit der 35-Stunden-Woche nicht eingehen, aber als ihm der Skorpion klarmachte, daß er dann ja auch früher heimkäme, gab er nach.

Damit begann die Zeit des großen Friedens. Der Skorpion bekam sein Sternbild, das allerdings nicht sofort erkennbar ist, denn die Männer hatten nur einen Tag dafür, und der hatte nur sieben Arbeitsstunden, so daß das Ganze ein bißchen hingepfuscht wurde. Immerhin: Die Astrologen erkannten es sofort, und einer sagte: »Schau mal, ein Skorpion. Da können wir ja ein paar unangenehme Eigenschaften loswerden, die noch auf der Liste stehen. Hier: Gefährlich, Neigung zum Hinterhalt, giftig.... und wenn wir den Stachel ein bißchen freizügig auslegen, können wir auch noch den ganzen Sexbereich abhaken. Wer weiß, ob so eine gute Gelegenheit noch mal kommt.«

Und so taten sie es. Wobei sie völlig übersahen, daß der Skorpion, um den es sich hier handelte, eigentlich ein recht umgänglicher Charakter gewesen war. Aber so ist das nun mal: Mancher ist besser als sein Ruf.

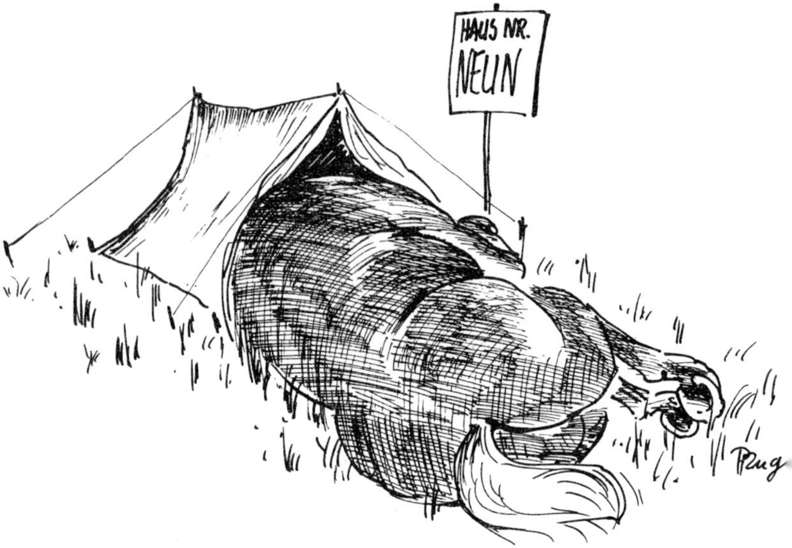
HAUS NR.
NEUN
Pzug

9
Schlecht gedämpftes Saitenspiel

Die Geburtsstunde der Astrologie liegt irgendwann im 4. Jahrtausend vor unserer Zeitrechnung. Die eigentliche Idee dazu hatte angeblich der Arbeitgeberverband Babylon und Nord-Mesopotamien, um bei Neueinstellungen nicht mehr so oft danebenzugreifen. Denn es passierte immer wieder, daß man einen manuell ungeschickten, aber wortgewandten Mann als Hausmeister einstellte, während er im Außendienst viel nutzbringender gewesen wäre. Dort aber schickte man vielleicht einen großen Schweiger los, der zwar den Kunden einen tropfenden Wasserhahn reparieren konnte, aber nicht in der Lage war, ihnen ein Bauherrenmodell zu verkaufen.

Also kam man auf den Dreh, die Menschen nach ihren Eigenschaften in zwölf Gruppen einzuteilen, und um das etwas übersichtlicher zu machen, gab man jeder ein Symbol, das man der Einfachheit halber an den Himmel setzte, denn das Achtzehneintel-Plakat, wie wir es heute für Zigaretten, Kaffee und Mallorca-Reisen kennen, war damals noch nicht erfunden.

Hausmeister oder Vertreter?

Aber natürlich kommen solche Symbole nicht auf Kommando — auch nicht, wenn der erklärte Auftrag eines einflußreichen Verbandes dahintersteht. Da mußte man sich schon ein bißchen auf den Zufall verlassen. Nach einiger Zeit jedoch waren die zwölf Sternbilder da, der Zodiac durfte vollzählig genannt werden, und nun brauchte man bei Einstellungen nur noch zu wissen, um welches Sternbild es sich bei dem Kandidaten handelte, und schon wußte man, wen man vor sich hatte — einen bescheidenen Hausmeister oder einen alerten Vertreter (heute: Verkaufsrepräsentant).

Über die Entstehung der einzelnen Tierkreiszeichen nun berichtet uns der altägyptische König Nechepso, dessen Geheimschriften peu à peu an den eigenartigsten Orten auftauchen. Das Schütze-Kapitel z. B. fand sich zwischen dem Manuskript einer Radio-Sprecherin, die gerade die aktuelle Rock- und Pop-Stunde ankündigen wollte und die dabei ums Haar den Satz gesagt hätte: »Die Klänge aber waren so fürchterlich, daß sich ringsumher im ganzen Palast die Fenster schlossen.« In letzter Sekunde bemerkte sie das drohende Unheil und war natürlich der Ansicht, daß da ein Blatt aus der Abteilung E-Musik auf ihren Tisch geflattert war, und zwar ein Bericht über die letzten Donaueschinger Musiktage. Also schmiß sie es nicht weg, sondern legte es beiseite, und so wurde dieses wichtige Kapitel aus der Entstehungsgeschichte der Astrologie für die Menschheit gerettet.

John Wayne und Gary Cooper

Dieses Kapitel lautet folgendermaßen:

Zur Zeit des Königs Tiglatplisseekar (zu deutsch: Charles der Erste) gab es im stehenden Heer von Babylon eine Kompanie von Leuten, die man Zentauren nannte. Es handelte sich dabei um eigenartige Geschöpfe, die den Leib eines Pferdes mit dem Oberteil eines Menschen kombinierten. Deshalb waren sie im Kampf außerordentlich brauchbar. Denn nicht nur ihre Reiter konnten um sich schießen, sondern auch sie selbst waren mit Pfeil und Bogen bewaffnet. Das war ungefähr so, wie wenn im Western-Film nicht nur der Cowboy, sondern auch sein Pferd den Colt ziehen könnte, so daß wir in den Genuß von Filmen kämen, in denen John Wayne auf Gary Cooper einen flotten Galopp hinlegt, und beide feuern aus allen Rohren.

In Friedenszeiten aber vertauschten diese rauhen Burschen ihre Waffen mit einem Instrument, vorwiegend der Harfe, und spielten die melancholischen Lieder ihrer fernen Heimat.

Einer dieser Zentauren war dem König als Leibwächter zugeteilt. »Schütze mir den König!« hatte die Königin gesagt, und von da an hatte er seinen Namen weg: Schütze. Man hatte ihn wegen seiner großen Tapferkeit für dieses Amt ausgewählt, aber erst zu spät bemerkt, daß er ein miserabler Harfenspieler war (sonst hätte man ihn zum Grenzschutz versetzt). Und wenn er dienstfrei hatte und die ersten Töne zupfte, machten sämtliche 3000 Palastbedienstete blitzartig alle Fenster zu.

Das schlimme war: man konnte ihm einfach nicht klarmachen, daß er kein exzellenter Musiker war (»Ich und Zabaleta«, pflegte er häufig Gespräche zu eröffnen), und er behauptete immer wieder, himmlische Klänge in sich zu hören, worauf ihm seine Kameraden antworteten: »Warum läßt du dann immer die anderen raus!?« Und einer meinte sogar: »Hör zu, Schütze, mit Pfeil und Bogen bist du ja schon verdammt gefährlich, aber wenn du Musik machst, kannst du ganze Armeen in die Flucht schlagen.

Aber wir würden wahrscheinlich eine Friedensbewegung erzeugen, wenn wir dich als Waffe einsetzen würden.« Doch er hörte nicht auf diese Worte.

Carmenfantasie auf Harfe

Eines Tages begleitete er wieder mal den König auf einer Dienstreise, und als sie abends in der U-Bahn nach Hause fuhren, sahen sie sich plötzlich einer Gruppe von Rockern gegenüber, die Messer und Fahrradketten trugen und sich anschickten, dem König eins überzuziehen. Schütze griff sofort nach Pfeil und Bogen ... doch ach: Es stellte sich heraus, daß er nicht seine Waffen, sondern nur seine kleine Reiseharfe dabei hatte. Weil aber keine Zeit war für langes Überlegen, schnappte er sich das Instrument und begann mit kräftigem Zupf die Carmenfantasie zu spielen. »Der Kunst muß auch solch niederes Rowdytum seinen Tribut an Achtung zollen«, dachte er, denn seine hochgesinnte Seele glaubte an die Macht der Klänge.

In der Tat: Kaum hatte er dem Instrument die ersten Takte des Torero-Lieds entlockt, da erbleichten die Angreifer und schreckten zurück. Und als er zu ›Ja, die Liebe hat bunte Flügel‹ überwechselte, da ließen sie ihre Totschläger fallen und stürzten davon. Auch der König war ohnmächtig geworden, was Schütze dem Schrecken zuschrieb, aber er kam schnell wieder zu sich, als sein Leibwächter das Instrument zur Seite legte und den Flachmann hervorholte.

Natürlich sprach sich der Vorfall herum, und überall lobte man Schützes mutiges Eingreifen.

Dieser war natürlich durch das Erlebnis in seinem Glauben an die alles überwindende Macht der Musik, besonders wenn er sie spielte, mehr als bestätigt worden. Aber auch dem König fiel es schwer, seinen Lebensretter zu kränken, indem er dessen Musik »schreckenerregend« nannte — schließlich hat jemand, der einen nachts in einer leeren U-Bahn vor Rockern geschützt hat, ein Recht auf taktvolle Behandlung.

Tanz auf den Tischen

So überlegte man denn am Hofe hin und her, wie man Schütze sowohl ehren als auch außer Hörweite bringen konnte (»So eine Gelegenheit kriegen wir so schnell nicht wieder!«, war die einhellige Ansicht). Endlich fiel einem der Ratgeber des Königs eine Lösung ein, bei der alle vor Begeisterung auf den Tischen tanzten und die der König seinem Leibwächter wie folgt verkaufte:

»Hör zu«, sagte er gleisnerisch, »du hast mir aus schlimmer Not geholfen, und dafür bin ich dir unendlich dankbar. Wir haben deshalb lange nachgedacht, wie wir dich angemessen ehren können, und sind dabei auf eine großartige Idee gekommen: Wir tun dich als Sternbild an den Himmel. Und zwar für die nächsten fünf bis zehn Milliarden Jahre. Eine größere Ehre kann keinem Sterblichen widerfahren, gib's zu! Du nimmst bitte schön deine Harfe mit oder auch Pfeil und Bogen oder am besten beides, und wenn dir danach ist, spielst du, und wenn dir nach Schießen ist, schießt du. Na, ok?«

Schütze, blind wie alle von sich Überzeugten, witterte kein einziges Haar in der Suppe, sondern war begeistert. »Um Euretwillen, großer Tiglatplisseekar, ich gehe, wohin Ihr mich denn schicket!«

»Das ist lieb von dir«, meinte der König, »ich wußte ja, daß ich mich auf dich verlassen kann.«

Die Astrologen entdeckten natürlich das neue Sternbild sofort, und einer sagte: »Schau mal, ist das nicht Schütze? Wenn er auch schlimm gespielt hat, so war er doch ein guter Kerl. Er hätte das Zeug zu einem großen Musiker gehabt, wenn er das Zeug dazu gehabt hätte. Und man sollte nur Gutes über ihn sagen. Ich würde mal Begeisterung für ihn notieren — keiner konnte sich ja für sein Spiel so sehr begeistern wie er —, dazu Tapferkeit und edle Gesinnung. Naja, tun wir noch Drang nach Erkenntnis dazu — es muß ja nicht unbedingt Selbsterkenntnis sein —, dann hätten wir endlich auch diese Eigenschaften vom Tisch. Ehrlich: Es macht Spaß, von ihm zu reden, wenn man ihn nicht hören muß. Leg doch einer mal einen Mozart auf!«

10
Ein Korn von Capri

Daß die Astrologie lange vor unserer Zeitrechnung im babylonischen Mesopotamien entstanden ist, wissen wir. Was wir indes nicht wissen — bzw. bislang nicht wußten —, das sind die genauen Hintergründe über die Entstehung der einzelnen Tierkreiszeichen.

Doch seit dem Auftauchen der geheimen Papiere des ägyptischen Königs Nechepso sind wir auch über diesen vielleicht wichtigsten Teil der Astrologie bestens informiert. Und wie wir gesehen haben — es hängt so manche hübsche Geschichte dran.

Nechepsos Geheimschriften hatten ja ein recht eigenartiges Schicksal. So wollte einen Teil davon der 'Stern' unter dem Titel »Hitlers Tagebücher« herausbringen, stellte aber in letzter Sekunde fest, daß darin Sätze vorkamen wie »... und König Aradiu'nke schlich nachts durch die Gänge seines Palasts und suchte nach der Flasche mit dem Hörnerkopf, doch die Königin wartete hinter einer Säule und schrie 'Ha!'« Bei diesem Satz stutzten die Professoren, die als Sachverständige hinzugezogen worden waren, und meinten, dies könne unmöglich von Hitler stammen, vor allem schon deshalb nicht, weil Hitler niemals Hieroglyphen bei seinen Notizen verwendet habe.

Probleme mit Alkohol

So wurde das ganze Unternehmen in letzter Sekunde abgeblasen, und alle meinten völlig zu Recht: Mein Gott, was wäre wohl passiert, wenn wir das als Hitlers Tagebücher hätten erscheinen lassen, nicht auszudenken! Tatsächlich war die bedeutende Illustrierte haarscharf an einem Skandal vorbeigekommen.

Das ändert aber nichts daran, daß gerade die Papiere über das Entstehen des Steinbocks (und aus diesen stammt der oben zitierte Satz) außerordentlich interessant gewesen wären, da sie ein Problem zum Inhalt haben, das auch heute noch viele Ehepaare zu Gegnern werden läßt. Wir meinen den Alkohol.

Deshalb sei der Inhalt dieses Kapitels über den Steinbock hier in geraffter Form wiedergegeben.

Also: König Aradiu'nke (zu deutsch: »Der sich ab und zu mal einen Tropfen Gönnende«) war alles andere als ein Freund von antialkoholischen Getränken. Damit stand er zwar nicht allein in jener Zeit, denn Freitag abends beispielsweise war ganz Babylon blau, aber bei einem König ist das doch was anderes. Schließlich kann ein Regierungschef, vor allem wenn er die absolute Gewalt hat, eine ganze Menge Unheil anrichten, falls er die Schalthebel der Macht in angeheitertem Zustand bedient. Außerdem hatte er erst kürzlich wieder seine Frau gegen sich aufgebracht, weil er auf einer Party der Gattin des Königs Assurbanipal den Hintern getätschelt hatte: freundschaftlich harmlos, wie er meinte — blau wie ein Veilchen und mit geilen Bockaugen aus der Sicht seiner Frau. »Glaub mir«, hatte sie hinzugefügt, »der Assurbanipal guckt sich das nicht mehr lange mit an. Das gibt Krieg, und den können wir uns bei deinem augenblicklichen Gehalt nicht leisten.«

Aradiu'nke versprach also, fürs nächste seine Trinkerei etwas einzuschränken und sich wie ein anständiger Mensch und König zu betragen. Er konnte dieses Versprechen um so leichteren Herzens geben, als er ohnehin vorhatte, demnächst mit seinen Kumpanen den alljährlichen Kegelausflug zu feiern. Natürlich tarnte er das Ganze als wichtige Dienstreise, die leider unaufschiebbar sei. »Wir müsen rüber ins Italienische«, sagte er scheinheilig, »Kanalisationsmodelle anschauen. Alles todlangweiliges Zeug. Ich wünschte, ich hätte es schon hinter mir.«

Sie fuhren aber nach Capri, wo sie für ein verlängertes Wochenende die rosa Kuh fliegen ließen und der König so ziemlich alles anstellte, was ihm zu Hause verboten war. Die größte Entdeckung aber machte er am letzten Tag, als er — bis oben hin voll mit Alka-Seltzer — loszog, um Souvenirs einzukaufen. Da entdeckte er nämlich eine überaus originelle Schnapsflasche: eine Säule, auf der sich der Kopf eines ziegenähnlichen Tieres befand. Diesen Kopf mußte man nur abschrauben, und schon konnte man sein Glas vollgießen. In zugeschraubtem Zustand aber erinnerte nichts daran, daß man es hier mit einer Schnapsflasche zu tun hatte, sondern es war dann eine originelle und künstlerisch interessante Kleinplastik, die man aufs Bücherbord stellen konnte. Der König wurde vor Freude fast verrückt, als er das sah.

Er kaufte das Ding, ließ den Preis wegmachen und es aufwendigst einpacken, lutschte eine Rolle Vivil und machte sich auf die Heimreise.

»Schau mal«, sagte er zu seiner Frau, »was ich uns mitgebracht habe — ein hochinteressantes Kunstwerk aus Capri. Es stellt eine der seltenen Bergziegen dar, wie sie auf den Felsen von Capri herumklettern. In unserer mesopotamischen Tiefebene gibt's das gar nicht. Schon deshalb ist es ein bedeutendes Kunstwerk. Komm, wir stellen es im Wohnzimmer auf die Kommode. Übrigens: Man nennt diese Tiere Caprikorn«, fuhr er fort und kam sich bei dieser Lüge außerordentlich toll vor.

Konsequent trocken

Tatsächlich, die Königin schöpfte keinerlei Verdacht, sondern fand das Kunstwerk vom Caprikorn ebenfalls bedeutend, schon um ihrem Mann einen Gefallen zu tun, weil er so konsequent trocken war. Sie schöpfte auch keinerlei Verdacht, als sie in den folgenden Tagen Aradiu'nke immer wieder vor der Plastik sitzen sah. »Ich kann mich einfach von dem Anblick nicht losreißen«, bekannte er, »ein zauberhaftes Werk.« Und wenn die Königin wieder in ihrer Küche war, schraubte er blitzschnell den Hörnerkopf ab, nahm einen kräftigen Schluck und verdrückte sich in den Garten.

Als die Plastik leergetrunken war, kaufte er sich wieder seinen üblichen Korn in dem Edeka-Laden an der Ecke, wo er immer vorbeikam, wenn er vom Palast nach Hause ging, und füllte heimlich nach.

Die Königin aber war des Lobes voll. »Keine Flasche haben wir neuerdings zu Hause«, sagte sie zu ihrer Freundin, der Frau des Königs Assurbanipal, »Aradiu trinkt keinen Tropfen mehr. Statt dessen interessiert er sich für Kunst. Wenn du wüßtest, wie froh ich bin!«

»Elender Saufkopp!«

Doch ach! Nichts hält auf Dauer, und Trinker neigen zum Leichtsinn. Der König stand jetzt auch nachts vor der Caprikorn-Plastik, er vergaß anschließend sein Pfefferminz, er nahm auch schon mal mehrere Schlucke, so daß er deutlich Mühe hatte, Worte wie »Assurbanipals neues Streitwagenmodell mit Doppelgelenk-Hinterachse« fehlerlos auszusprechen — kurz, die Königin wurde mißtrauisch und beobachtete ihn, indem sie sich hinter eine Säule in ihrem 500 qm großen Wohnzimmer stellte. Und da sah sie, wie der König den Kopf der Plastik abschraubte und direkt aus der Säule einen kippte. »Ha!« rief sie und hängte noch ein »elender Saufkopp« dran, und alles weitere läßt sich denken.

»Dieses Ding«, rief sie, und von wertvollem Kunstwerk war keine Rede mehr, »dieses Ding da kommt mir sofort aus dem Haus. Und zwar so weit wie möglich. Nein, nicht zu Assurbanipals, die wohnen ja gleich um die Ecke. Auch nicht zu Riethmüllers, Ihr seid mir zu oft beisammen. Hier«, und damit wies sie nach oben, »am besten an den Himmel damit. Da kommst du nicht mehr dran und hast außerdem jede Nacht deine Schande vor Augen.«

Was hätte der König tun sollen? Etwa behaupten, daß er nicht zu einer so einfachen Sache in der Lage war, eine Flasche Korn an den Himmel zu versetzen? Außerdem war er froh, daß er noch gut wegkam, und so befahl er Caprikorn ans Firmament.

Die Astrologen aber, die den babylonischen Nachthimmel betrachteten, merkten den Neuzugang. »Schau mal«, sagte der eine, »ist das nicht Aradius Schnapsplastik? Können wir die gebrauchen?« »Warum nicht«, meinte der andere, »nennen wir's doch einfach Capricorn, mit einem c in der Mitte. Wer denkt da noch an einen Klaren aus Capri. Es ist eben eine Bergziege oder Gemse oder ... nennen wir's Steinbock, das klingt doch gut, oder?« »Nicht nur das«, antwortete sein Kollege, »wir haben hier auch noch ein paar Eigenschaften, die wir dringend loswerden müssen: zähes Klettern, unermüdliches Streben, hartnäckiges Festhalten — das würde doch gut zum Capricorn passen.« »Wunderbar«, sagte der andere, »und jetzt laß uns noch einen trinken gehen. Ein neues Sternzeichen — das muß begossen werden.«

Und wenig später finden wir unsere beiden in einem babylonischen Gartenlokal, wo sie angeheitert schunkeln und mit lauter Stimme »Warum ist es am Tigris so schön?« singen.

I
Wasser
Mann!

11
Wasser, Mann!

Wenn wir heute von Löwen und Krebsen, von Jungfrauen und — wie im vorliegenden Fall — von Wassermännern reden, so tun wir das in aller Unschuld, als habe es dergleichen immer schon gegeben. Und kaum einer stellt sich mal die Frage, wo diese eigenartigen Bezeichnungen herkommen. Der Blick zum Himmel jedenfalls kann uns dafür keine Erklärung liefern. Denn die einstigen Verbindungslinien zwischen den Sternen, durch die früher mal die Sternbilder markiert wurden, sind im Laufe der Jahrtausende längst verblaßt, und durch die Abgase der Flugzeuge ist auch der letzte Rest wegradiert worden, so daß für den Laien heute jegliche Orientierung fehlt. Allerdings will wohl das Pentagon versuchen, die Sternbilder in ihrer vergangenen Form wiederherzustellen, um sie in das SDI-Programm einzugliedern — ein Punkt, der auf der Genfer Abrüstungskonferenz ganz oben steht.

„Ein Löwe, ein Skorpion und ein Schütze am Himmel", so Caspar Weinberger auf einer Geheimsitzung des Nationalen Sicherheitsrates, „könnten uns enorm viel helfen bei der Vernichtung sowjetischer Raketen. Auch eine Jungfrau, entsprechend ausgezogen, könnte die Besatzung bemannter Raumflugkörper ablenken, und ein Wassermann würde dem Feind zumindest die Sicht beeinträchtigen, denn wie wir durch den CIA wissen, haben die russischen Raumschiffe keinerlei Scheibenwischer, so daß sie an dieser Stelle außerordentlich verletzbar sind. Leider", fügte Weinberger hinzu, „kostet die Restaurierung der Sternbilder zuviel Geld. Allein die Farbe für die Verbindungslinien verschlingt Unsummen, und ehe man eine Jungfrau beispielsweise so hinkriegt, daß die Russen bei ihrem Anblick vom Kurs abkommen — darüber vergehen Jahrtausende."

Nun schön, das sind Probleme der Amerikaner, die uns im Augenblick jedenfalls nichts angehen, denn wir neigen bekanntlich zum Eureka-Programm, dessen Ziel es ist, feindliche Raketen in Netzen zu fangen, sie sofort einzustecken und harmlos pfeifend weiterzugehen, so daß der Gegner nichts merkt.

Wir werden also kaum noch erleben, am Himmel mal wieder einen wirklichen Wassermann zu sehen, und sind deshalb auf die Überzeugungskraft der Astrologen und unseren eigenen guten Willen angewiesen. Doch gerade was die Astrologen angeht, so haben diese seit einiger Zeit kräftig Rückenwind bekommen, denn mit der Auffindung der geheimen Papiere des ägyptischen Königs Nechepso ist unser Wissen über die Entstehung der Sternbilder enorm gewachsen.

Es dürfte inzwischen bekannt sein, daß diese Geheimschriften ein seltsames Schicksal hatten: Immer wieder tauchten Teile davon an den unmöglichsten Stellen auf. So geriet beispielsweise das gesamte Wassermann-Kapitel in das Rollenbuch eines Thomas-Bernhard-Stückes, wo es zunächst gar nicht auffiel. Erst bei der Generalprobe wurde der Dichter hellhörig, und Bernhard Minetti mußte ganze Passagen wieder aus seinem Gedächtnis streichen, darunter auch Sätze wie: „Vorsicht, das Grillgut!", die er besonders ausdrucksstark gesprochen hatte.

Die Notwendigkeit der geistigen Auslöschung dieser und weiterer Sätze war schon deshalb betrüblich, weil sie in Hieroglyphen geschrieben waren, vermischt mit Keilschrift-Fremdwörtern, so daß ihr Auswendiglernen besonders viel Mühe gemacht hatte. Doch der Dichter bestand darauf.

In Kurzfassung stellt sich die Entstehung des Wassermanns folgendermaßen dar:

Wir alle kennen aus der Bibel die großen Katastrophen, die in vorchristlicher Zeit immer wieder über die frühen Städte hereingebrochen waren. Denken wir nur an Sodom und Gomorrha — riesige Brände, die ganze Wohngebiete in Schutt und Asche legten. Und immer wieder stellte sich den Historikern die Frage, wie es dazu kommen konnte. War die Menschheit wehrlos, gab's kein Mittel gegen Feuer, hatten die Löschzüge noch keine Vorfahrt?

Die Wassermann-Geschichte nun liefert uns die völlig überraschende Erklärung: Man wußte damals noch nicht, daß man Feuer mit Wasser bekämpfen konnte. Zwar kannte man schon die Möglichkeit, mit Schaum zu löschen, und die roten Feuerlöscher hingen auch hier und da herum, aber es waren einfach zu wenige. Und wie so oft: Im Notfall funktionierten sie nicht, oder aber der Betreffende wußte nicht mit ihnen umzugehen.

Doch lassen wir jetzt Nechepso zu Wort kommen: Eines Tages war es wieder mal so weit — König Barb'e'kiu II. veranstaltete eines seiner berühmten Grillfeste, bei denen es den damals schon so beliebten Schweinehals gab, dazu Bratwürstchen Thüringer Art. Es tanzten, wie üblich,die nubischen Sklavinnen, und Barb'e'kiu selbst betätigte sich mal wieder eigenhändig am Grill. Dies ließ er sich nicht nehmen, obwohl er erwiesenermaßen nur wenig Talent dazu mitbrachte — immer wieder ging ihm die Glut aus, oder sie entstand erst gar nicht, so daß die Gäste hungrig herumstanden und lustlos Konversation machten. Doch der Respekt vorm König hinderte sie daran, zu schimpfen oder einfach wegzugehen und im nächsten Lokal was zu sich zu nehmen.

Auch diesmal war die Glut mehr als dürftig; der König blies hinein, daß ihm die Ascheteilchen in die Augen stoben und sich auf die Bratwürstchen legten wie später mal die Vesuvlava auf Pompeji. „Jetzt reißt mir aber der Geduldsfaden", schrie er schließlich nach weiteren mißglückten Versuchen, und er nahm die Flasche mit dem Spiritus und bediente damit das magere Feuer. Sofort fuhr eine Stichflamme in die Luft, versengte dem König Bart und Augenbrauen und schickte sich an, auf die nächste Umgebung überzugreifen.

Nun rannte alles durcheinander, der Feuerlöscher wurde gesucht und, wie üblich, nicht gefunden, und man sah bereits wieder mal einem Großfeuer ins Auge — als ein Sklave, der eigentlich nur dazu da war, die Holzkohlen anzuschleppen, ausrief: „Wasser, Mann!" Dies galt einem Kollegen, der mit den Getränken beauftragt war, und sofort brachte dieser ein paar Flaschen stilles Wasser an, das damals schon die Damen tranken, um später ihre betrunkenen Männer gefahrlos nach Hause chauffieren zu können. „Vorsicht, das Grillgut!", rief die Königin noch, denn als Hausfrau dachte sie weniger an die Katastrophe als daran, was das Zeugs alles gekostet hatte, doch der Rufer beachtete den Hinweis nicht und schüttete den Inhalt der Wasserflaschen wahllos auf alles Brennende, so daß das Feuer mit lautem

Zischen verendete und alle Umstehenden sich in Ruhe die Asche aus den Kleidern klopfen konnten.

„Mein Gott“, sagte Barb'e'kiu und rieb sich die Augen, „löscht der Mensch mit Wasser. Wie kommst du denn auf diese Idee?“ Daraufhin erklärte ihm der Sklave, er stamme vom Feuerland, und dort lösche man nur mit Wasser, und das schon seit Ewigkeiten. „Wir haben da keine Schaumlöscher, dafür aber den Ozean direkt vor der Tür und mußten aus der Not eine Tugend machen.“

Der Rest ist schnell erzählt: Der Sklave wurde für seine Tat sofort zum freien Mann erklärt und zum Begründer der mesopotamischen Berufsfeuerwehr, deren Ehrenhauptmann er auf Lebenszeit blieb. Man nannte ihn nur „Wassermann“, nach seinem damaligen spontanen Ausruf. Er wurde fortan zu allen Grillparties eingeladen, zu denen er grundsätzlich einen Eimer Wasser mitbrachte, denn stilles Wasser wäre natürlich auf Dauer zu teuer gewesen, vor allem bei Großbränden. Nun konnte man auch hemmungslos mit der Spiritusflasche umgehen, denn wenn es brenzlig wurde, griff Wassermann zum Eimer, und alles war wieder in Ordnung.

So wurden die Feiern auch viel ausgelassener und fröhlicher, und man sprach schon in Partykreisen vom Segen des Wassermann-Zeitalters. Und als Wassermann schließlich hochbetagt starb und darüber abgestimmt wurde, ob man ihm ein Denkmal setzen sollte oder ob es nicht noch eindrucksvoller wäre, ihn als Sternbild an den Himmel zu stellen, da entschied man sich in der überwiegenden Mehrzahl fürs letztere. „Ich bin auch dafür", meinte der König, „denn wenn er da oben steht und immerzu seinen Eimer über uns ausleert, kann hier auch kein Feuer mehr ausbrechen."

Tatsächlich findet man in der Zeit danach so gut wie keine größeren Feuersbrünste mehr. Und das liegt nicht, wie Forscher bisher annahmen, daran, daß den Leuten die Streichhölzer ausgegangen waren (noch Mommsen schrieb in seiner Geschichte der Alten Welt: „Um das Jahr 1000 v. Chr. wurden fast alle Streichhölzer durch eine weltweite Phosphorseuche dahingerafft."), sondern an der Entdeckung des Wassers als Löschmaterial — und eben daran, daß Wassermann am Himmel den Eimer immerzu in Bereitschaft hielt.

Logisch, daß dies auch den babylonischen Astrologen nicht verborgen blieb. Und als einer von ihnen, ehe er zu Bett ging, nochmals vorsichtshalber zum Himmel blickte, da entdeckte er den Wassermann. „Also entweder bekommen wir morgen Regen", sagte er zu seiner Frau, „oder es handelt sich um das neue Sternbild Wassermann. In diesem Fall würde ich's als Symbol für Originalität und übersprudelnden Einfallsreichtum nehmen, denn die Idee mit dem Wasser als Feuerlöscher war wirklich mal was Neues."

How to Swim
A page for the enthusiast
Stretched position.
Fig. 2
Fig. 3.
Fig. 4.

12 Bei Fischers Fritz

Die Astrologie, die immer wieder von fantasielosen Wissenschaftlern, welche sich Rationalisten nennen und darauf auch noch stolz sind, angegriffen wird, reicht zurück bis in die Anfänge der Menschheit. Viele behaupten sogar, schon der Vormensch, also der Neandertaler, habe sich mit ihr befaßt. Darauf jedenfalls weisen einige spektakuläre Funde hin, die in jüngerer Zeit gemacht wurden.

Es handelt sich hier einmal um den Scherben von einer Vase, der Teile des prähistorischen Zodiacs enthält, nämlich einmal das Sternbild des „Großen Faustkeils" und zum anderen das des „Weinenden Speerwerfers". Letzteres bestand aus 37 gleich großen Sternen, die eine einzige gerade Linie bildeten, plus drei „herunterfallende", die wohl die Tränen wegen des Fehlwurfs darstellen sollten. Das andere Indiz ist ein Stück Zeitung aus der Riss-Würm-Zeit (primitives, stark holzhaltiges Papier) mit einem Tageshoroskop, in dem allen, die im Sternbild des „Halbgaren Schnitzels" geboren wurden, prophezeit wird, daß ihnen „heute das Feuer ausgeht, wenn Sie nicht aufpassen, und Sie dann 10 000 Jahre kalt essen müssen. Sonst nichts Besonderes, am Abend gute Stimmung".

Ein leerer Himmel

Allerdings gingen die meisten dieser frühen Sternbilder in den vergangenen 100 000 Jahren verloren oder wanderten aus, so daß der Himmel zur Zeit der Babylonier recht leer war und sie wieder ganz von vorn anfangen mußten.

Wir haben in dieser Reihe versucht, die Entstehung der einzelnen Sternbilder im Zweistromland darzustellen, wobei wir uns auf die Geheimschriften des altägyptischen Königs Nechepso bezogen, der alles aufgeschrieben hat, was es darüber zu sagen gibt. Und wie schon mehrfach erwähnt, tauchten diese Geheimpapiere vor einiger Zeit an den unterschiedlichsten Stellen auf. Das Fisch-Kapitel beispielsweise geriet in eine Postwurfsendung eines großen Möbelherstellers „An alle Haushalte" und wäre somit ums Haar ungelesen in den Mülleimer gewandert, wenn nicht ein einziger — ein gewisser Gustav B. in St.

Goar — zufällig einen Blick draufgeworfen, das Ganze recht seltsam gefunden und es ans Frankfurter Senckenberg-Museum geschickt hätte. Auf diese Weise blieben uns auch die Fische erhalten, so daß nunmehr der Tierkreis vollzählig ist.

In die Sprache unserer Zeit übersetzt, lautet die Entstehung der Fische ungefähr folgendermaßen:

Zwei sehr frühe Könige, Sargon der Erste und Sargon der Zweite, saßen eines Abends in einem netten und gemütlichen Lokal, um ein bißchen über ihre neuesten Erlebnisse mit ihren assyrischen Sekretärinnen zu plaudern. Die Ehefrauen waren beim Kegeln, und das war wieder mal eine Gelegenheit, die man sich nicht entgehen lassen durfte. „Heut machen wir mal schön einen drauf", hatte der erste Sargon gesagt, als sie nachmittags aus ihren Palästen miteinander telefonierten. „Großartige Idee", hatte der zweite geantwortet, „treffen wir uns doch einfach bei Fischers Fritz, von da wird man dann weitersehen."

Nun saßen sie also bei Fischers Fritz und ließen sich die Karte bringen. „Ich hab da noch zwei schöne frische Euphrat-Barben'', sagte der Wirt und wies auf sein Aquarium, in dem zwei wahre Prachtexemplare schwammen, ,,es sind die letzten. In Butter sehr zu empfehlen.'' ,,OK, wir überlegen's uns'', sagte einer der Sargons, ,,laß uns mal 'n bißchen Zeit und bring was zu trinken. Zwei Große.''

Der Wirt ging, und beide vertieften sich in ihre Karte.

Immer die verdammten Gräten

,,Ich hätte eigentlich schon Lust auf Fisch'', sagte der eine Sargon, ,,das ist mal was anderes als der ewige Hammel. Wenn nur die verdammte Grätenspukkerei nicht wäre.''

Der Blick das anderen weilte noch auf der Karte mit den Keilschriftzeichen. ,,Jaja'', sagte er versonnen, ,,Fisch wäre nicht schlecht. So angenehm leicht, kein Dickmacher'', er blickte hoch, ,,und die sehen ja wirklich hervorragend aus, die beiden Kerls. Da hat Fritz recht. Aber ich weiß nicht. . . vielleicht lachst du jetzt über mich: Irgendwie geht's mir gegen den Strich, die zwei jetzt einfach umbringen zu lassen.''

Der andere Sargon nickte. ,,Ich lache überhaupt nicht. Im Gegenteil, du sprichst aus, was auch mir gerade durch den Kopf geht. Auch mir würde es schwerfallen, die beiden einfach durch eine Bestellung zum Tod zu verurteilen.''

,,Tja, das ist wirklich seltsam'', spann der andere Sargon den Faden weiter, ,,da führen wir beide nun pausenlos Krieg, legen Stadt um Stadt in Schutt und Asche, ohne uns viel dabei zu denken — und bei zwei schlichten Euphrat-Barben schlägt uns plötzlich das Gewissen. Wenn man das einem erzählen würde. . .''

Mitleid mit Unschuldigen

,,Das ist auch was anderes'', meine der zweite Sargon, ,,im Krieg hat man's mit Gegnern zu tun, und das sind Halunken. Da geht das Umbringen völlig in Ordnung. Aber die beiden hier, die haben uns doch gar nichts getan, die schwimmen völlig unschuldig und harmlos in ihrem Glasding herum und freuen sich ihres Lebens. Und da soll man nun einfach hingehen und. . . also nee, du, das schaff ich nicht. Das bringe ich einfach nicht übers Herz.''

,,Vor allem — die sind so ahnungslos'', fuhr der andere Sargon fort, ,,die wissen gar nicht, daß es jetzt und hier um ihr Leben geht. Normalerweise wären die jetzt schon tot, verstehst du? Es würde doch kein anderer so ein Theater machen. Irgendwie sitzen die, ohne es zu wissen, in der Todeszelle, und wir sollen jetzt befehlen, daß sie abgeholt werden, ein verrückter Gedanke. . . Nein, wir haben uns noch nicht entschieden!'' Dies galt dem Wirt, der mit den Worten: ,,Nun, haben die Herren schon gewählt?'' an ihren Tisch getreten war. ,,Also nein'', fuhr er fort, nachdem sich Fischers Fritz wieder entfernt hatte, ,,für mich steht fest: kein Fisch. Ich würde keinen Bissen runterkriegen.''

,,Ich auch nicht, völlig unvorstellbar. Nur — was sollen wir tun? Ich meine: Wenn wir einfach verzichten, dann ist ja im Grunde nichts gewonnen.''

,,Wieso, wie soll ich das verstehen?''

,,Nun ja, wir sind edel, wir bestellen keinen Fisch, wir lassen die beiden leben und kommen uns ganz groß vor. Du beispielsweise wirst später mal Sargon der Große genannt werden, obwohl mir dieser Titel eigentlich auch zusteht, aber gut. Nur: Nachher kommt ein anderer, der nicht so denkt wie wir, bestellt sich einen oder auch beide, und dann passiert genau das, was wir vermeiden wollen. Kannst du vielleicht diesen Gedanken ertragen?''

Nie wieder in ein Fischlokal

,,Verdammt, du hast recht. Aber das ist ja entsetzlich, was kann man denn da nur gegen tun... Der schöne Abend! Statt uns zu amüsieren, halsen wir uns solche Probleme auf. Nie wieder geh' ich in ein Fischlokal. Sollen wir sie kaufen, in einen Eimer tun und im Fluß wieder aussetzen?''

,,Hm, das würde sehr komisch aussehen — wir beide mit einem Eimer und zwei lebenden Fischen drin. Nebenbei: Der Weg zum Fluß ist ganz schön weit. Die beiden würden wahrscheinlich im Streß sterben.

Die müssen doch denken, es geht ihnen an den Kragen. Außerdem: Wer sagt uns, daß sie nicht sofort ins nächste Netz schwimmen und umweglos wieder hier landen?"

„Und wenn wir sie nun einfach mit nach Hause nehmen?"

Kein Platz in der Badewanne

„Um sie in die Badewanne zu setzen, was? Oder wohin damit? Sie sollen ja auch zusammenbleiben. Schau doch mal, wie die so schön beieinanderstehen. Die sind bestimmt Freunde. Nein, nach Hause nehmen, das geht nicht. Mist. Was kann man da nur tun... Nein, wir haben noch nicht gewählt", denn der Wirt war wieder an ihren Tisch gekommen. „Wir überlegen noch. Und lassen Sie auf jeden Fall die Fische in Frieden!"

Schweigend und in krampfhaftes Nachdenken versunken starrten sie vor sich hin und tranken ihre Gläser leer.

„Wenn die Herren bitte entschuldigen wollen", sagte plötzlich eine Stimme neben ihnen — ein älterer Herr mit Brille, was ihn (damals jedenfalls) als einen Mann des Geistes auswies, „aber ich sitze die ganze Zeit am Nebentisch und habe Ihr Gespräch unfreiwillig mit angehört. Ich wüßte eine gute Lösung Ihres Problems, die auch zugleich günstig für mich wäre. Schauen Sie, ich bin Astrologe, und wir Astrologen brauchen unbedingt noch ein markantes Sternbild. Sie wiederum, wenn ich nicht irre, sind Könige, ja?'' Die beiden Sargons nickten eifrig. ,,Sehen Sie, und da sind Sie ja auch zugleich Oberpriester und Magier mit einem direkten Draht zu den übersinnlichen Kräften. Würde es Ihnen was ausmachen, die beiden Fische als Sternbild an den Himmel zu versetzen? Dann könnten Sie beruhigt sein, denn als Sternbild kann sie keiner mehr braten oder kochen lassen, und wir Astrologen hätten ein weiteres Sternbild. Noch dazu eines, das ziemlich genau zu den Themen paßt, die wir noch übrig haben — ich sag mal: ein bißchen jenseitig, Auflösung im All, mystisches Versenken, auch harmlos, unschuldig — Sie haben das alles eben angesprochen. Was halten Sie davon?''

Die beiden Sargons guckten sich an. ,,Natürlich'', sagten sie, ,,das ist überhaupt die Idee. Komm'', sagte der erste Sargon zum zweiten, ,,jeder nimmt einen. Du den vorderen, ich den hinteren. Ich zähl bis drei. . .'' Und so geschah es: Bei Drei streckte jeder seinen magischen kleinen Finger der rechten Hand auf den jeweiligen Fisch und sagte ein geheimnisvolles Wort — die Fische lösten sich auf, überm Lokal war für Sekunden so etwas wie ein kleines Feuerwerk zu sehen, und dann war alles wieder wie zuvor. Nur am Himmel standen, aus acht Sternen gebildet und deshalb auch nicht sofort erkennbar, zwei Fische. „Herr Wirt, zahlen!" sagten sie, „auch die beiden Barben", und als der Wirt fragte, wo die denn geblieben seien, sagte der eine Sargon: „Wir haben sie als Sternbild an den Himmel gesetzt."

Kopfschüttelnd sah ihnen der Wirt nach und sagte zu einem einsamen Gast an der Bar: „Manche Leute vertragen aber auch rein gar nichts. Und das wollen Könige sein."

Die Könige aber gingen erleichtert und frohen Sinnes davon, und als ihnen unterwegs einfiel, daß sie ja noch nichts gegessen hatten, machten sie an einer Bude halt und bestellten zwei Fischbrötchen. „Die sind wenigstens schon tot", sagte der eine, „da muß man kein schlechtes Gewissen haben. Nur riecht man halt hinterher nach Zwiebeln."

„Bei mir macht das nichts", erwiderte der andere, „wir haben zu Hause getrennte Schlafzimmer."

Umschlagentwurf: Jutta Schneider
Illustrationen von: Brian Bagnall, Alex Ignatius, Manfred Limmroth, Günter H. Magnus, Klaus Meint und Peter Ruge

Satz: Fotosatz Geiß, D-8039 Puchheim
Printed in Italy,

ISBN 3-8231-0768-2